天皇訪中実現への道

日中対外戦略の展開とその帰結

蒋　奇武　著

晃洋書房

目次

序　章　戦後日中関係と天皇

第一節　日本・中国・天皇

一九七八年に訪日した鄧小平による天皇への訪中招請をきっかけとして、天皇訪中問題は日中外交の舞台に登場した。その後、一四年間にわたり、日中双方の度重なる外交交渉を経て、一九九二年に天皇訪中がようやく実現した。戦後の日中関係の重要な問題の一つが、かつての戦争を中心とする歴史問題である。天皇訪中問題は、この歴史問題と結びついた象徴的な問題であった。また、天皇訪中実現に至るまでのプロセスは日中双方の間での天皇訪中の戦略的利益と結びついた調整のプロセスでもあった。さらに、この問題は日中国交正常化以降の日中間の長年の懸案であり、同時期の日中関係の変化の内実を知る上でも重要な案件であった。

本書は、天皇訪中問題を取り上げ、当該問題をめぐって日中間でどのようなやりとりが行われていたのか、その歴史的な経緯と時代背景について考察する。この考察を通して天皇訪中問題における日中両政府のアプローチが、その時々の国際情勢の変動とどのように関連し、そして、日中両国の対外政策のなかで天皇訪中問題はどのように位置づけられていたのかということを明らかにしたい。そのうえで、天皇訪中の歴史的意義を検討することにする。

天皇訪中を題材とする本書は、日中関係史研究への新たな視点を提示しようとするものである。すなわち、後論での先行研究の検討において詳しく述べるが、従来の日中関係史研究は、日中それぞれの国で展開・蓄積されてきたが、日本と中国の双方の動向を見渡したものが必ずしも多くはない。この傾向は、特に中国において顕著である。本書が扱う天皇訪中問題は、まさにこのような日中関係史研究の欠落を象徴する問題である。

また、本書で明らかにするように、天皇制の問題は、中華人民共和国建国前の時代から日中関係を規定する要因の一つであった。天皇訪中に至る日中両国間の天皇制をめぐる動向は、戦時中から戦後にかけての日中関係の約五〇年以上の歴史を一つの視点から把握することを可能にするものである。さらに言えば、これまでの日中関係史研究のなかで天皇（制）問題[1]は歴史認識問題の文脈のなかで論じられる傾向が強かった。しかし、天皇訪中問題は歴史認識問題の側面を有しながらも日中双方の外交戦略上のカードという意味をもっており、また日中両国の国内政治の影響も受けていた。両国の外交レベルでのやりとりのなかで、天皇訪中問題を取り上げることによって、戦後日中関係の特徴を新たな視点から照らし出すことができるだろう。

こうした本書の研究上の特徴をさらに明確にするために、これまでの日中関係史研究を、天皇訪中を扱ったものを中心に検討してみよう。

第二節　研究史のなかの天皇訪中問題

本書が検討対象とする天皇訪中問題について、これまでどのような研究が行われ、何が明らかにされてきたのだろうか。まず、最初に研究史を整理する。

天皇訪中問題に関する研究は、これまで大きく二つのアプローチから行われてきた。一つは「戦後天皇（制）研究」、もう一つは「戦後日中関係研究」というアプローチである。この二つのアプローチに則して、日中両国において、それぞれ天皇訪中問題を扱う研究が進められてきた。二つのアプローチが日中それぞれの研究において、どのような成果を生み出してきたのか、検討してみよう。

（一）戦後天皇（制）研究における天皇訪中問題――日本の場合

戦後天皇制研究とは、敗戦後も残存した天皇制がどのように社会の変化に適応したのか、そして戦後天皇制は戦前天皇制とどこが異なり、どこに共通性があるのかということを主な関心対象とする研究である。

日本側の代表的な戦後天皇制研究の一つである横田耕一と中村政則の研究を取り上げよう。この二人の研究では天皇訪中への直接的な言及はないが、一九七〇年代の昭和天皇の訪欧と訪米、中曽根政権期の皇太子の訪韓・訪中計画を取り上げるなど、戦後天皇制研究における皇室外交の重要性に注目している。そして、横田も中村も、これら皇室外交は経済の発展に基づいた天皇の権威強化という政権側の思惑があると指摘している。(2)渡辺治の研究もまた、皇室外交のもつ政治的機能に注目している。彼は、日本政府は天皇を大国主義的ナショナリズムの中心に置くという考えを捨て、その代わりに、アジア諸国で強まった日本の大国化への警戒感を解くための装置として天皇の役割を考えるようになったという。すなわち、日本の過去の侵略戦争に対する「謝罪」の特使としての天皇の利用価値を発見したのである。その一例が天皇訪中問題であった。(3)もう一つ注目すべきなのは、ケネス・ルオフの研究である。彼によれば、明仁天皇の海外訪問は長期にわたるアメリカ依存を減らし、アジアへの接近を図る戦略的な「謝罪政治」のための手段だった。明仁天皇による初の中国訪問での「痛惜」声明もまた、アジアへの接近のための戦略と結びついていたというのである。(4)

以上の研究は、皇室外交の目的や戦略性について、主として皇室外交を進める日本政府側の意図に着目した研究であった。一方、政府側の意図よりも、皇室側の意図に着目する研究も存在する。例えば、保阪正康の研究は、天皇が意欲的に自らの像を確立する例が、天皇訪中だったという。彼は「天皇の積極的な意志もあって、中国訪問は実行することができたのである」と指摘し、天皇訪中における明仁天皇自身の主体的な役割を強調した(5)。

以上のような研究を踏まえ、近年では、政府の意図か皇室の意図かどちらかに比重を置くのではなく、その両者の相互の関係のなかで皇室外交を捉える試みがなされている。例えば、平成の「皇室外交」は、政権側の思惑と明仁天皇の意思が相互に影響を与え合うなかで展開したと指摘した舟橋正真の研究がその一例である。舟橋は、訪中推進を志向する宮澤首相と外務省が、自民党幹部や有力者に協力を説得する材料として、天皇自身の訪中への意欲を利用したというのである(6)。

(二) 戦後天皇（制）研究における天皇訪中問題――中国の場合

一方、中国側の天皇（制）研究は、ほとんどが靖国神社参拝問題や侵略戦争問題など、近代天皇制と戦争責任を中心に行われてきており、皇室外交に関する研究は少ない(7)。数少ない皇室外交に関する研究の特徴は、もっぱら日本社会の変化や日本政府の戦略と関連づけて説明する点にある。例えば、蒋立峰の研究は日本経済の急速な発展を背景に皇室外交が展開されたとし(8)、王金林の研究は日本の環太平洋経済圏戦略構想と関連づけて皇室外交を論じている(9)。また、日本の安全保障政策と結びつけて皇室外交を捉えた賈璇の研究は、「公的行為」としての皇室外交が拡大していくことの問題性を指摘している(10)。以上のように、中国においても皇室外交を扱った研究はあるものの、天皇訪中問題を取り上げた研究は今のところ存在しない。

(三) 戦後日中関係史研究における天皇訪中問題――日本の場合

次に、戦後日中関係史研究のなかで天皇訪中問題がどのように扱われてきたのかを検討する。まず指摘できるのは、天皇制研究に比べて、日中関係史研究の方が、天皇訪中問題そのものを取り上げた研究が多いということである。

日本側の研究の特徴は、天皇訪中を中国側による天安門事件への対応として位置づける点にある。小島朋之[11]、毛利和子[12]、岡部達味[13]の研究が代表的であるが、天安門事件により孤立状態にあった中国に対する日本の外交的アプローチの一環として天皇訪中を位置づけている。しかし、いずれの研究も日本側の思惑や意図についての踏み込んだ分析を行っているわけではない。また、天皇訪中の政治的効果に関する研究もある。国分良成[14]や川村範行[15]の研究がそれであるが、いずれも天皇訪中の政治的効果は極めて限定的だったと指摘している。

以上の研究は、日中関係史全般に関する研究であり、天皇訪中問題それ自体をテーマとした研究ではない。そうしたなかで天皇訪中問題をテーマとした研究もいくつか存在する。そのなかの一つ、杉浦康之の研究は、読売新聞などの資料に基づき、七〇年代以降の天皇訪中計画を振り返り、天安門事件を経て天皇訪中実現に至るまでの両国政府間の交渉過程を詳細に整理している[16]。また、城山英巳の研究は、中国側の「天皇訪中工作」を軸に、歴代の中国の最高指導部がいかに天皇を利用しようとしたか、またそれによっていかに日本の内政や外交そして中国の内政に影響を及ぼそうとしたかを分析し、天皇訪中の経緯を詳しく紹介している[17]。さらに、若宮啓文の研究は、天皇訪中の概要をまとめたうえで、日本の国内政治の動向と関連づけて訪中決定に至るまでのプロセスを説明した。とくに宮澤政権がいかに国内の反対派を説得し、右派を抑え込み、天皇訪中を実現させたかを詳しく分析している[18]。

以上のように、日本における日中関係史研究においては、日中関係の展開のなかでの天皇訪中の位置づけ、天皇訪中をめぐる日中双方の具体的対応、日中両政府の意図などについて、一定の成果をあげてきている。

しかし、これらの研究は、天安門事件以前の時期における天皇訪中問題の推移についての分析が必ずしも充分ではない。また、日本と中国それぞれの政府の意図や行動をある程度明らかにしているものの、日中間の相互の関係についての考察はほとんどなされていない。天皇訪中の全貌は、日本と中国が相手側の行動をどのように受け止め、どのように反応したのかという、相互の影響関係を分析することにより、初めて明らかになるのではないのだろうか。

（四）戦後日中関係史研究における天皇訪中問題——中国の場合

では、中国における日中関係史研究のなかで天皇訪中はどのように取り扱われてきたのだろうか。中国側の研究のほとんどは、天安門事件との関連性については触れず、天皇訪中により強固な日中友好関係が構築されたと指摘したり[19]、天皇訪中の日程を述べ連ねたりするレベルに止まっている[20]。

また、中国側の研究には、天皇訪中に関する中国側の思惑より日本側の思惑を分析する傾向が強い。この点が日本側の研究と際立った対照となっている。例えば、李建民と徐之先の研究は、宮澤首相の天皇訪中の決断のなかには、①アメリカに対する外交的優位性の強化とアメリカからの圧力の軽減、②日本のアジア外交の展開、③日中間の歴史認識問題の区切り、という非常に深い戦略的意思が含まれていると指摘した[21]。梁雲祥の研究もまた日本側の意図を明らかにしようとするものであるが、彼によれば、天安門事件以後に中国を孤立させない政策と行動をとった背景には日本側にも利益になるとの認識があったという[22]。

（五）日本と中国の研究の架橋

以上、主な先行研究を検討してきたが、全体をまとめると次のように言えるだろう。「戦後天皇（制）研究」と「戦後日中関係研究」という二つのアプローチのうち、天皇（制）の研究において、それが日本の内政の問題であるので、天皇訪中問題についての研究は限定的な範囲でしか行われておらず、日中関係史のなかではもっぱら歴史認識問題に引きつけられて検討されてきた。また、日中関係史の研究において、天皇訪中問題についての研究は中国より日本の方が進んでおり、近年では天安門事件をはさんだ時期における日中双方のやりとりについての実証的な研究も行われている。日中関係史において天皇制の問題が持つ重要性が共有されてきており、天皇訪中問題の分析がある程度進んできていると言えるだろう。

しかし、以下のような二つの課題がまだ残されている。第一に、天皇訪中問題に連なる天安門事件以前の時期についての歴史的分析が充分ではないということである。この部分は天皇訪中の実現過程においての前史であるため、天安門事件以前の時期の分析は天皇訪中問題の全貌をつかむには必要不可欠である。第二に、日本と中国それぞれの国での研究は、日本側と中国側の意図と行動がそれぞればらばらに取り上げられ、双方向的に行われていないことも指摘できる。中国の研究では、天安門事件との関係は全く触れられておらず、一方、日本の研究では、天皇の政治利用に関わる分析はわずかの例外を除いて行われていない。

本書は今日もなお残っているこの二つの課題（①天安門事件以前の時期の分析、②日本側、中国側の意図と行動についての双方向的な検討）を克服して、新たな日中関係史像を提供しようとするものである。

第三節　本書の構成

本書は、以上のような研究史の整理をふまえて、天皇訪中問題を次のように取り扱う。

まず、従来の研究では手薄だった天安門事件以前の天皇訪中問題をめぐる歴史的経緯を分析する。その場合、天皇訪中問題に少なからぬ影響を与えた要因として、中国側の天皇（制）認識があると考え、その淵源である抗日戦争期にまで遡って考察する。もちろん、一九四九年の建国後、一九七二年の日中国交正常化まで、日中間には国交がなかったので、天皇訪中問題が具体的な政治課題となることはなかった。七二年まで、中国が天皇制をどのようにとらえていたのかを概観したうえで、国交正常化以後の天皇訪中問題をめぐる日中双方の動きへと分析を進めていきたい。

次に、日中国交正常化以後、とりわけ一九七八年に日中平和友好条約が締結された後、日本と中国が天皇訪中問題をめぐって、どのような戦略に立脚し、どのようなやりとりを行ってきたのかを分析する。

これまで天皇訪中問題は大きく①冷戦という国際環境の変容、②日中両国の国内政治体制の変化（鄧小平をトップとする中国の新政治体制の形成と確立、五五年体制崩壊を迎える日本政治の大転換）や③歴史認識問題（靖国参拝、教科書問題など）といった分析視角で研究・分析されてきた。しかし、ここで大きなポイントになるのが、日中双方の対外政策におけるソ連要因である。周知のように、冷戦期において米ソ両陣営の関係は一貫して緊張対立関係にあったわけではなく、米ソ間の緊張緩和（デタント）もあり、「対立⇓デタント⇓対立⇓デタント」という構図で展開してきた。冷戦構造のなかに日中の立場を置いてみると、安定した日米関係に対して、ソ中関係は「同盟⇓決裂⇓回復」という構図で激しく展開してきた。よって、日中関係も米ソ関係・ソ中関係に強く影響され、流動性を呈していた。天皇訪中問題は、日中両国において、それだけで成立しうる単独の問題ではなく、対外戦略のなかの一つに位置づけられており、その時々の国際環境の影響を受けた。そして、その際にカギとなったのが、ソ連をめぐる対応だったのである。従来の研究では見落とされていたこの問題を取り上げることにより、日中間で天皇訪中問題が具体的課題にのぼった一九七八年から一九九二年の実現に至るまでなぜ一四年もの時間がかかったのか、その理由が明らかになるだろう。もちろん、ソ連要因のみが、天皇訪中問題を左右したわけではない。両国の国内政治体制の変化や、冷戦という国際環境など、いくつかの要因が影響を与えたのであり、それらの複合的な影響の絡まり合いを丁寧に検討する必要があるということは言うまでもない。

以上のような問題関心に立ち、天皇訪中問題をめぐる日中関係の歴史的展開過程を分析する。その際、本書では、天皇訪中問題をめぐる日中双方の動きを五つの時期に区分して分析していきたい。

第一章は一九四〇年代から一九七二年の国交正常化までを扱う。ここでは天皇訪中問題の前史として、中国共産党の天皇（制）認識の源流と国交正常化以前の天皇対策を明らかにする。第二章で扱うのは、一九七二年の国交正常化から一九七八年の日中平和友好条約の締結までの時期である。この時期には、昭和天皇自身による訪中に関する発言があり、この発言に対する日中双方の対応を取り上げ、また、鄧小平訪日の際の天皇訪中招請の背景についての考察を試みる。第三章は一九七八年から一九八六年までの時期を扱うが、中曽根内閣によって考えられた皇太子訪中計画問題を中心に日中双方の動きを取り上げたい。第四章は、昭和天皇の死去をはさむ一九八七年から一九八九年の時期を考察の対象とする。ここでは、天皇の代替わりが天皇訪中問題に与えた影響や、李鵬訪日までの日中間のやりとりなどを分析する。第五章では天安門事件以後、天皇訪中実現をめぐる日中間の交渉をフォローし、その経緯を明らかにする。最後に、以上の分析を通して明らかになった点を提示し、その上で天皇訪中の歴史的意義について考察する。

第一章　中国の天皇（制）認識の源流と国交正常化以前の天皇対策

天皇訪中問題をより明確に理解するためには、そもそも中国側がどのような天皇認識をもっていたのか、そして、国交正常化以前にどのような天皇対策を取っていたのかを整理・考察する必要がある。なぜならば、天皇招請という国策には、歴史的に形成された中国の天皇（制）認識が影響を与えたと考えられるからである。

中華人民共和国成立以前の時期、中国共産党と日本との最大の接点は抗日根拠地であった。とくに延安での抗日活動における日本研究や対日人材養成、日本軍捕虜教育など様々な活動は、その後の新生中国共産党政権の対日外交思想にも影響を与えた。そこで中心的な役割を果たしたのが、野坂参三だった。天皇制について独自の考えを持っていた野坂は、中国共産党の天皇認識に強い影響を与えた。彼の影響によって、中国共産党の天皇認識が変わり、また、抗日戦争での対日本軍の宣伝方針も転換した。さらに、彼が延安で率いた反戦運動の実績を通して、中国人民の抗日戦争を援助する「日本人民」の存在が確認されたことにより、日中関係のなかの「人民本位」という論理が誕生した。これは戦後日中関係における「人民外交」思想の由来である(1)。

本章ではまず、野坂の延安での活動とその実績により、中国共産党の天皇（制）認識がどのように形成されてきたかを考察する。次に、それが国交正常化までの新中国の対日外交にどのような影響を与えたのか、そして対日外交が実際にどのように推移していったのかを考察する。

第一節　抗日期の天皇（制）認識

一九二一年に誕生した中国共産党は、日本軍国主義の中国侵略に対する抗日運動のなかで成長した。抗日根拠地についての研究『中国抗日根拠地発展史』は、「中国共産党は一九四九年一〇月、中華人民共和国を成立させ、与党になるのを可能にしたが、その主な基盤は抗日戦争中に抗日根拠地を作ることによって築き上げられた」と指摘し、新生の中国共産党政権と抗日根拠地との連続性を指摘している。(2) 実際、この抗日根拠地で行われた抗日活動を通して、中国共産党の天皇(制)認識を含む最初の対日認識も形成されたのである。この認識形成の源流はどこにあったかを解明するには、抗日戦争における中国共産党と日本人との交流の最大の接点であった日本人反戦組織の中に答えを求めなければならない。

（一）野坂参三の天皇（制）認識

抗日戦争中、中国軍の捕虜となった日本軍兵士によってつくられた反戦団体がいくつかあった。(3) 反戦団体で活動する日本人の中に野坂参三がいた。彼は中国の延安で五年間を過ごした。当初は、「林哲」と名乗っていたが、コミンテルン解散後に、「岡野進」の名で日本人民解放連盟などを組織し、指導した。こうした活動を通して、野坂は、中国共産党の指導部と密接な関係を築くことに成功した。

延安での野坂の活躍ぶりについて、当時延安にいたアメリカの新聞記者ガンサー・スタインは *The Challenge of Red China* の中で、次のように述べている。

延安の中国共産党員は、岡野進を大変に尊重しており、完全に信頼でき、頗る有能な人物と見なしている。彼らは、岡野を自分たちの仲間として扱い、日本関係の重要な問題については、いつも彼に相談をもちかけているらしい。彼の事務室は八路軍総司令部の敷地内にあって、彼と中国人の妻と一緒に朱徳将軍の洞窟住居と隣あって暮している。延安の指導者が出席する重要な公開活動の中に、毎回彼の姿がみられたような気がする。(4)

野坂は、日本共産党の要職を歴任しながら、国際共産主義運動の中で、特にイギリス・アメリカ・ソ連・中国の共産党に深く関わった人物でもあった。かつてソ連のスパイであったことが最晩年に発覚し、日本共産党の名誉議長を解任され、党からも除名された。そのため「闇の男」のダーティ・イメージが定着した。しかし、延安での活動を通して、彼の思想は「コミンテルン第七回大会の反ファッショ人民戦線論に加えて、毛沢東と中国共産党の思想的な営みを吸収した」ものとなったと言われ、さらに「とにもかくにも延安の地で日本人と中国人と朝鮮人が大日本帝国の戦争と侵略に反対して、手を握りあい、ともに闘ったという事実は、この暗黒の時代に大きな光を発するものであった」と、野坂の中国での活動の歴史的意義は高く評価されてもいる。(5)

一九二八年の「三・一五事件(6)」で逮捕されて以降、野坂に深くつきまとったのは天皇（制）問題だった。野坂の天皇（制）認識に強く影響された中国共産党の天皇（制）認識の源流を探る前に、野坂の天皇（制）認識の形成過程に簡単に触れることにしたい。

日本共産党は結党以来「天皇制の打倒」というスローガンを掲げていた。野坂自らも参加し作成したといわれる「三二年テーゼ」の中で、天皇制の打倒を日本革命の当面の段階の主要任務の第一に掲げるものと規定した。(7)しかし、スターリン、クーシネンに指導されるコミンテルン指導部が日本共産党のために作成した「三二年テーゼ」は、当時の日本社会の経済構造についての実証的な研究を踏まえたものではなく、ロシアへやってくる日本の留学生や日本から送られてくる左翼文献の誇張した報告に基づいて作られたものだった。[8] そのため、野坂は一九三五年のコミンテルン第七回大会の中心的な決定事項である「反ファシズム統一戦線・人民戦線」の方針を踏まえ、一九三六年には、「日本の共産主義者への手紙」[9] を発表し、全勤労者、全民主主義勢力を統一する人民戦線の樹立のために、革命の第一対象を天皇からファシスト軍部に置き換えた。[10]「三二年テーゼ」で規定する「天皇制の打倒」という、人民大衆から遊離し人民大衆と対立する過激な言葉を使わず、戦前日本の現実の政治の仕組みを分かりやすいことばで具体的に説明することが必要だと野坂らは考えた。

「日本の共産主義者への手紙」の中で、野坂は「広汎な大衆は排外主義的偏見や天皇制に関する一切の幻影からまだ完全に脱し切っていない」と強調し、当面の主要な敵は軍部だとアピールした。[11] つまり、当時の日本の状況に則して考えれば天皇制打倒という目標設定は非現実的なものと考えられたわけである。以降「この思想をずっともって延安に行った」と野坂は述べている。[12] その後、彼の思想の具体的な実践の場を提供したのが、中国の抗日根拠地であった。

(二) 野坂参三と中国共産党

野坂が周恩来を同行者としてモスクワを出発し、党中央高級幹部の熱烈な歓迎を受けながら延安に入ったのは一九四〇年三月のことであった。[13] 野坂が到着する以前の中国共産党は、天皇制について充分な認識を持っていなかった。

毛沢東は、一九三八年五月から六月にかけて抗日研究会で発表した「持久戦について」の中で、日本軍隊の長所は、性能のよい武器以外に「その将兵の訓練―その組織性、過去に敗戦したことがないためにうまれた自信、天皇や神にたいする迷信、傲慢不遜、中国人にたいする蔑視などにある」と分析した。さらに、その特徴を「日本軍閥の多年の武断的教育と日本の民族的慣習によってつくられたものである」と指摘し、これによって、「わが軍は日本軍にきわめて多くの死傷者をださせたが、捕虜にしたのはきわめて少なかったという現象のおもな原因はここにある」と言明した。毛沢東は「この点についていては、これまで多くの人びとの評価は不十分であった」とそれまでの天皇（制）に対する認識不足を認めた(14)。

野坂が延安入りして間もない四月下旬、周恩来は中国共産党中央革命軍事委員会総政治部（対外的には八路軍政治部の名を使用）主任の王稼祥を連れて野坂を訪問した(15)。周恩来は共通の敵である日本の軍国主義者と戦うために、延安に留まり、①日本の軍事、政治、経済、社会の実情の調査、分析、②前線での日本兵にたいする宣伝活動の指導と援助、③日本軍捕虜の教育という具体的な三点を協力してほしいという提案を野坂に行った(16)。これにより、野坂は延安において日本問題の研究、日本軍への工作、日本軍捕虜教育について取り組むことになった。

五月になると、野坂は中国共産党中央革命軍事委員会総政治部（部長・王稼祥）顧問に就任(17)し、名実ともに敵軍工作部(18)を指導し始めた。

敵軍工作部での活動について野坂は、「敵工部の組織を全部変えちゃったんです。それで、いままでの人と変わって、実質上は私が中心になって、王学文、李初梨、それなんかが主になり、だいたい私の意見と一致して、到着してすぐから新しい工作をはじめたんです」と述べている(19)。一方、野坂の秘書だった黄乃は回想のなかで、「四〇年に成立した『八路軍総政治部敵軍工作部』には王学文部長と李初梨副部長がいました。それ以外に、名義上は八路軍総政治部顧問の『肩書き』ですが、実質的には敵軍工作部指導者である日本人『岡野進』がいて、彼こそが私の直接の上司だった人物、つまり野坂参三です」と述べている(20)。ここに示されるように、敵軍工作部の実質的な中心人物は野坂だったのである。

六月九日、「総政治部より敵偽軍宣伝工作についての指示」が出された。この指示は、早速、野坂の意見が反映された内容になっていた。指示では、日本軍への宣伝用印刷物の欠点について、「あまりにも政治化・空洞化・公式化しすぎて、日本兵の自覚の程度にとって、スローガンが高すぎるため、日本兵の心を感動させにくく、時には、逆に彼らの反感を買ってしまったこともある」と指摘している。そして「①天皇制打倒、②帝国主義戦争を内乱へ、③軍隊内で将校を殺す、④戦争を敗北させよ」を不適当なスローガンとして今後使用を禁止すべきと指示した[21]。

大森実の野坂へのインタビューによれば、前線で配るビラに、天皇に攻撃を集中した三二年テーゼのスローガン「天皇制打倒」がそのまま記載されており、さらに、一九一七年のレーニンの「帝国主義戦争を内乱へ」のスローガンもそのまま使われていた。このような現実離れした不適当なスローガンとこれを考案した敵軍工作部に野坂は愕然としたという[22]。

同じインタビューのなかで野坂は、「こんなことをしたら、兵隊はかえって、われわれに対する攻撃をかけるんじゃないかということで、これを急速に変えなくてはならぬということを提案しましてね」と述べている。野坂の提案は「スーッと通」り、その結果、「それからガラッと変えちゃったんですよ」と野坂は述べている。さらに「誰が聞いてもそうだと思うんですよ、常識でいいましてね。あの日本の、天皇制で凝り固まっている兵隊に対して、天皇制を打倒して、われわれと友好関係を結ぶなんてできっこないですわね。日本の軍隊を攪乱することもできないですわね。動揺を与えることもできない」と彼は語っていた[23]。

このように、それまでロシアのマルクス・レーニン主義に立脚した革命理論に基づき、天皇制を封建世襲の君主制だと見做し、打倒対象と規定してきた中国共産党の天皇（制）認識の転換を促す最初の文書が出された。抗日戦争という実践を通して、それまでとは異なる天皇（制）認識が誕生したのである。つまり、天皇は日本国民に「神秘的な半宗教的な」影響力を持っている[24]ので、中国における広範な抗日民族統一戦線を結成するため、慎重に扱うべきであるという認識である。この考え方は一九三五年のコミンテルン人民戦線路線の中国での実践を意味していた。一九三五年のコミンテルン大会以降、一貫して柔軟な方針を主張しつづけた野坂が、延安での日本問題専門家としての権威を利用し、中国共産党に決定的な影響を与えたのである。

もちろん、中国共産党内にも野坂の客観的な分析を受け入れる素地が形成されていた。中国共産党はコミンテルン第七回大会での方針転換をふまえ、社会主義革命の理論を各国の特殊性に基づいたものへと転換しはじめていたのである。このような雰囲気のなか、野坂の存在は、まさに化学反応における触媒のように、わずか二ヵ月の短い期間で、中国共産党の天皇（制）認識の転換を実現させた。

さらに、野坂が捕虜の教育と組織、日本帝国主義の研究、反戦の宣伝などの地道な活動を通して、最初の捕虜優遇政策から日本工農学校の創立を経て、日本人民解放連盟の確立へと築き上げた実績が中国共産党の野坂に対する信頼を高めた。

以上のように、延安で活動した野坂は、中国共産党に天皇（制）認識の転換をもたらした。また、彼は、延安で指揮した日本人民反戦同盟が日に日に強大になってきたことを通して、「日本人民」が抽象的存在ではなく、具体的に存在していることを中国共産党に対して示した[25]。それと同時に、野坂は、抗日民族統一戦線によって強大になった「中国人民」の存在を実感した。このことが戦後日本における人民戦線構想を生み出すことになった。

野坂はその後、戦後日本再建の道について三つの文書を作成した。「日本人民解放連盟綱領草案[26]」（一九四四年二月）、「日本人民解放連盟綱領草案に関する重慶『大公報』の評論について」（一九四四年四月）、「民主的日本の建設」（一九四五年五月）の三つである。これらの文書で、野坂は天皇問題に対し柔軟な方針を堅持していた。野坂は敗戦後の一九四六年一月に帰国し、中国革命を成功に導いた抗日民族統一戦線のような広汎な日本人民戦線の結成を訴え、中国で成功に近づいている革命劇を日本でも演出しようと考えた。それは天皇制打倒を伴わない統一戦線政府の樹立という戦略である。

このような当時の野坂の思想と行動は、中国共産党の指導者たちにも共有されていたと考えられる。寺出道雄と徐一睿は、中国共産党第七回代表大会（一九四五年五月）での野坂の報告「民主的日本の建設」に言及した毛沢東の野坂参三宛て一九四五年五月二八日付の書簡を紹介し、「すでに、毛沢東の思考のなかに、日本の敗戦は織り込みずみであった。彼は、書簡と参考史料から読みとれるように、現には敵国である日本について、その敗戦後における『専制権を持たない天皇』を戴いた政府との共存を構想していたのである」と指摘している。(27) つまり、毛沢東は野坂同様、天皇制存続を視野にいれた戦後構想をすでに持っており、さらには天皇問題についてより慎重に対応することを要求さえしており、天皇制に対して野坂以上に慎重な姿勢であった。

このような天皇制存続を視野に入れた戦後構想は、天皇の政治的役割を重視し、戦争犯罪者としての天皇の戦争責任を回避するという中国の対日政策に引き継がれていった。(28) これが戦後の具体的な政治過程のなかで、どのような形で引き継がれたのか、次節でみていくことにする。

第二節　東アジア冷戦下の天皇（制）対策

まず、戦後直後から朝鮮戦争休戦までの中国を取り巻く国際環境を簡単に見ておくことにしよう。

第二次世界大戦終結から一九五〇年六月の朝鮮戦争の勃発までの時期、アメリカのアジア戦略は、米ソ協力関係の維持、安定勢力としての中国の出現を二つの柱としていた。(29) この構想に基づいて、アメリカはソ連の拡張主義的傾向を警戒しながらも、ソ連の行動をできるだけ米ソ協調の枠組みの中に組み入れ、対ソ強硬姿勢を回避していた。

アメリカの対中政策もこうしたアジア戦略のなかで展開した。アメリカは国共間の内戦調停に失敗した一九四七年一月以後、対中国コミットメントに消極的になった。それは、中国がソ連と一枚岩的団結を示さないかぎり、共産中国はアメリカの安全保障にとって脅威ではないと考えていたからである。[30]一九四九年八月五日に公表された『中国白書』では、国民政府が自ら崩壊したこと、中国の事態がアメリカの統制の範囲を超えていたことを指摘しながらも、共産党の支配する中国を実質的に認める内容になっていた。

しかし、この構想は、一九四九年一〇月に成立した中華人民共和国が、翌年の二月に中ソ友好同盟相互援助条約を締結したことにより変化し、六月の朝鮮戦争の勃発によって、完全に崩壊した。

一九五〇年二月に締結された中ソ友好同盟相互援助条約の締結は、米ソ協調の枠内で中国を抑えるというアメリカの対中政策が不可能となったことを意味した。さらに誕生したばかりの中国が朝鮮戦争に参戦し、中米両軍が真っ向から対決するようになり、米中間の敵対関係が一九七一年の米中和解まで続くことになった。

一九五三年のスターリンの死と朝鮮戦争の停戦実現によって、中国は冷戦下で敵対するアメリカによる対中包囲網を打ち破るために、西側諸国に対する外交攻勢を強めた。対米戦略上の必要性から、「民間外交」や「平和」をスローガンとした日本に対する「平和攻勢」も始動した。

以上のように、米ソ協調を前提としたアメリカの対中融和政策は、アジアでの冷戦の本格化とそのなかでの中ソ同盟関係の強化により大きく変化し、対中敵視政策へと転換した。このような時代背景のなかでの中国側の天皇（制）に対する対応をみていくことにしよう。

（二）天皇（制）容認から批判へ

アメリカの占領下に置かれていた日本では、マッカーサーをトップとするGHQによる占領を円滑に遂行するため、昭和天皇の権威を利用し、天皇制の存続がはかられた。実は、当時の中国共産党もまたアメリカと同じように、天皇の持っている宗教的な影響力を重視し、天皇を戴いた政府との共存を構想していた。この構想が元々野坂の考えに影響を受けたものであることは言うまでもない。野坂も帰国後、「愛される共産党」「民主人民戦線」などを発表し、徳田球一ら日本共産党の中枢に大きな影響を与えた。こうして「非軍事化・民主化」が主眼である初期の対日占領政策のもとで、日本共産党も占領下の平和革命論へと転換した。こうしたなか、一九四六年四月の総選挙で日本共産党は五議席を獲得し、初めて帝国議会に議席を得ることができた(31)。

一九四六年八月一日付の『人民日報』は、第一面で帝国会議での野坂の発言を紹介した。「岡野進は議会で政府を詰問　憲法改正草案の非民主性を指摘　天皇が少しでも政治的特権を保留するのに反対」という見出しの記事である。記事は野坂が「些かの非民主的特権をも天皇の手中に残そうとする一切の企図」に反対したことを報じている(32)。このことは、「特権を残さない」形であれば、天皇制の存続を黙認するという野坂の考えを示唆するものであった。

また、同紙は八月一一日の記事で、「天皇中心主義は日本ファシズム運動の〝独特な理論〟であり、〔中略〕天皇はかつて侵略行為を起こした日本軍国主義の〝現人神〟の存在だった」と主張し(33)、九月二一日の記事では、「今日に至るまで、戦争責任を負うべき天皇は、アメリカによって合法的な存在として許されてきた」と強調した(34)。一九四六年六月に中国で内戦が再開され、アメリカの対中干渉を警戒していた中国共産党の対米批判が強くなり、アメリカに利用される天皇という批判を行っているのである。ただし、天皇制存続それ自体を否定するものではなく、その意味では天皇制批判は抑制的だった。

しかし、その後、昭和天皇個人に対する対決姿勢を鮮明にしていったのである。朝鮮戦争勃発直前の一九四九年、ソ連はアジアにおいて、それまでの対米協調から対立へと姿勢を転じつつあった(35)。東京裁判の対抗措置として、「細菌戦用兵器の準備及び使用」を理由に元関東軍七三一細菌戦部隊一二人に対する起訴と裁判を行ったのである。裁判では昭和天皇の責任が明らかになった(36)。これを根拠に、ソ連は、一九五〇年二月一日に、アメリカ、中国とイギリスに公式に天皇の訴追を含む国際特別軍事法廷の設立を提案する口上書を送った(37)。これに対して、アメリカは直ちに拒否の声明を発表した。

ソ連と同盟関係を結んだ中国は、ソ連のこのような動きに応じて、東京裁判で免責となった昭和天皇の戦争責任の追及を主張するようになった。『人民日報』は昭和天皇を「裕仁」と呼び捨てにし、「細菌戦犯」、「殺人犯」、「日本の侵略者」と呼び、アメリカに庇い続けられている「戦犯裕仁」を迅速に審判すべきだという中国各地の人々からの主張を報じた。裁判中の一二月二八日と三〇日、さらにソ連が口上書を送った後の二月五日から一三日まで九日間連続、天皇の戦争責任追及の記事を掲載し続け、天皇の戦争責任追及キャンペーンを全国的に展開した。

米ソ対立が深まる中での中ソのこのような動きは、米国主導により天皇と七三一部隊を不問とした東京裁判に対する「アンチテーゼ」として展開された政治的側面が強い(38)。一方、一九五〇年一月六日、コミンフォルムの機関紙『恒久平和と人民民主主義のために』は、オブザーヴァー論文「日本の情勢について」を突如公表し、日本共産党政治局員野坂参三のアメリカ占領軍に対する解放軍規定、占領下平和革命論を名指しで批判した。『人民日報』も同月一七日、「日本人民解放の道」を掲載して、野坂の論文には「重大な原則的過ちがあり」、「ブルジョア議会を通して平和的に政治権力を獲得するという論点は完全な間違いである」と、コミンフォルム批判への支持を表明し、ソ連との団結を呼びかけた(39)。これらの動きはすべて、中ソ友好同盟相互援助条約の調印のために、毛沢東がソ連に滞在していた時期に進められた(40)。

こうして、戦中の野坂の天皇制認識に基づく天皇制存続を前提とした戦後構想は、アジアで急展開されていた冷戦情勢のなかで否定されることになったのである。

(二) 天皇(制)容認への回帰

しかし、中国の激しい天皇批判は、それほど長く続かなかった。一九五三年のスターリンの死と朝鮮戦争の停戦実現により、中国はアメリカによる対中包囲網を打ち破るために、西側諸国に対する外交攻勢を強めた。すなわち、「民間外交」や「平和五原則」を柱とする外交に転じたのである。対日政策についても、貿易拡大の呼び掛けを中心とする「平和攻勢」を始動させた(41)。中国では一九五三年から第一次五ヵ年計画が実施され、国内経済建設に専念するためにも対日関係の安定が望まれた。また、日本ではアメリカに追随する吉田首相に代わって、中ソとの関係改善を志向した鳩山政権が登場した。このことも中国の対日政策の変化を促した。

このように、日中関係の改善の機運が高まっているなか、周恩来は日本の訪中団との会談で天皇(制)に言及した。すなわち、一九五四年一〇月一一日に行われた日本国会議員訪中団及び日本学術文化訪中団との会談で、周恩来は「天皇が日本を支配しているのではなく、アメリカが支配している。日本人が天皇を尊敬しているにしても、それは自由ですが、しかし天皇の上にアメリカがいる。これがわれわれと日本との関係を妨げています」と発言した(42)。

この発言は、「日本人が天皇を尊敬している」こと、すなわち象徴天皇制が日本国民の多数に受け入れられている現実を認め、天皇制の問題は日本の内政問題であり、中国の与かり知らぬ所である、ということを意味していた。一方、天皇の上にアメリカがいることが「われわれと日本との関係を妨げています」との発言は、アメリカの反共・反中政策に天皇制が従属させられていることへの危惧を表明しているのである。

この発言の翌日に、中国政府はソ連と対日共同宣言を発表した。この共同宣言で中ソ両国は、日本との関係を「正常化させたい」と表明し、「日本が中華人民共和国およびソ連邦と政治関係と経済関係の樹立に努力する」ことを全面的に支持すると宣言したのである(43)。

日中関係改善の気運は、一九五六年になり、さらに強まった。一月三〇日、周恩来が人民政協会議で日中正常化に関する協議を提案したの[44]を受け、三月二九日、鳩山首相は衆議院外務委員会で、中国との外相会談を「拒否する理由は少しもない」と述べた[45]。四月一日付の『人民日報』には、首相発言に示される日本側の姿勢を歓迎するという記事が掲載された[46]。そして、一〇月一九日、日ソの国交が回復し、一二月に鳩山首相に代わった石橋首相は中国との国交回復にも強い熱意を示していた。

このような機運のなか、九月四日、毛沢東は日本旧軍人訪中団に対して、「今、貴方がたの国には天皇がいます。貴方がたは天皇にお会いできたら、よろしくとお伝えください。ラオス、カンボジアには国王がいて、日本には天皇がいます。我々はそれらの制度を尊重します」と述べて、日本の天皇制を尊重する姿勢を示した[47]。さらに、一〇月六日、毛は中国で初めての日本商品展覧会の会場に現われ、同展覧会総裁の村田省蔵に「中国はどんな人とも仲良くしたい。鳩山首相、天皇にもよろしく伝えてもらいたい。日本とはまだ国交が回復していないがやがてその時期がくるだろう。鳩山首相がソ連に行くことはよいことだ。帰りに中国に立ち寄られることを希望します」と語った[48]。これらの毛の発言は、日中関係の改善、国交回復の可能性が高まっているなか、つまり、日中の平和共存の可能性が強まっている機運のなかで、象徴としての天皇が日本国民の多数に支持されているという認識を示すものだった。

しかし、二ヵ月足らずで辞職した石橋政権に代わって、一九五七年二月に岸政権が成立し、状況は一変した。六月三日、岸信介は台北での蔣介石との会談で「日本の外交は自由民主主義諸国との提携による国連中心であって、容共中立的な立場をとらないこと」を強調し、「国府が中国を奪回すれば結構だ」と発言した[49]。このような日本側の対中政策の根本的な転換によって、日中国交回復、平和共存関係実現の可能性は一挙に失われた。その後、池田政権を経て佐藤政権に至るまで、日中関係は一進一退の状況が続き、ベトナム戦争とも関連しつつ、全体として悪化の方向を辿った。次に、この時期の中国の天皇（制）認識について『人民日報』の記事を中心に見ていくことにしよう。

（三）軍国主義批判と天皇（制）への懸念

図1-1に見るように、岸内閣登場以降、日中国交正常化までの時期、『人民日報』を見る限り、天皇（制）に関する記事は極めて少ない。しかし、この時期に中国側が天皇（制）に関心を持っていなかったわけではない。中国は、この時期に経済成長を遂げ、先進国化した日本の軍国主義復活に対する警戒を強めるのであり、天皇（制）を日本の軍国主義復活と関連づけて捉えるようになった。

図1-2は日本の軍国主義に関する記事数の推移を示したものである。軍国主義に関する記事は一九六〇年と一九七〇年という二つの山が存在することが分かる。二つの年はいずれも日米安全保障条約の改定・延長の時期にあたるから、それに合わせ、日本軍国主義批判の記事が集中しているといえよう。そして、個別の記事を取り上げてみると、中国側が軍国主義批判と天皇（制）問題を結びつけていたことが分かる。

例えば、昭和天皇が戦後初めて自衛隊幹部と面会したことを取り上げた一九六〇年一一月四日付の記事がそれである。この記事は「日本天皇は公然と三軍首脳と会見した」という見出しで、「池田政府が日米軍事同盟条約に基づいて軍備拡張を強化している時に行われたこの会見は、天皇の影響を拡大するとともに軍隊の中に軍国主義思想を強めようとする米日反動派の動きである」と報じた。[50] また、七〇年安保の前年の一九六九年六月二八日付の日本の教育政策に関する記事は、「日本のファッショが軍国主義復活のため、天皇を美化、歴史を歪曲、天皇に関係する捏造された神話を青少年に植え付けよう」としていると報じている。[51] さらに、一九七〇年九月三日付の記事では、「現在日本軍国主義の復活につれ、日本の反動派は改めて天皇を持ち上げ、日本軍国主義の所謂『精神の支柱』を確立しようとすることによって、国内で日本国民を残虐に鎮圧し、海外に侵略拡張を行い、新たな戦争冒険を準備している」と強調している。[52] 一九七一年六月一一日付の記事も、「神道の復帰、神話につながる天皇中心に歴史がかかれている日本史教科書、明治天皇の誕生日と新年及び旧紀元節の際に明治神宮などの神宮で盛大な祭り、自民党

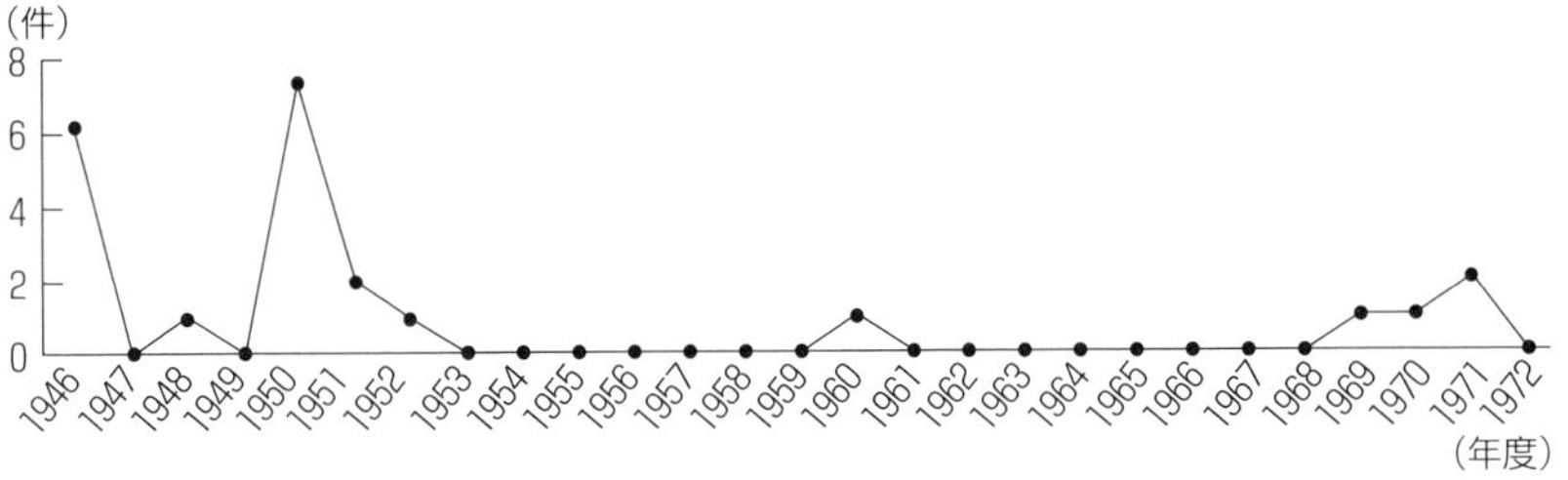

図1－1　『人民日報』（1946-1972）における天皇に関する記事の件数

出典：1946年から1972年までの『人民日報』の電子版データベースで，見出しに「天皇」「裕仁」「明仁」「日皇」という言葉を含む記事を検索した結果を基に，筆者作成．

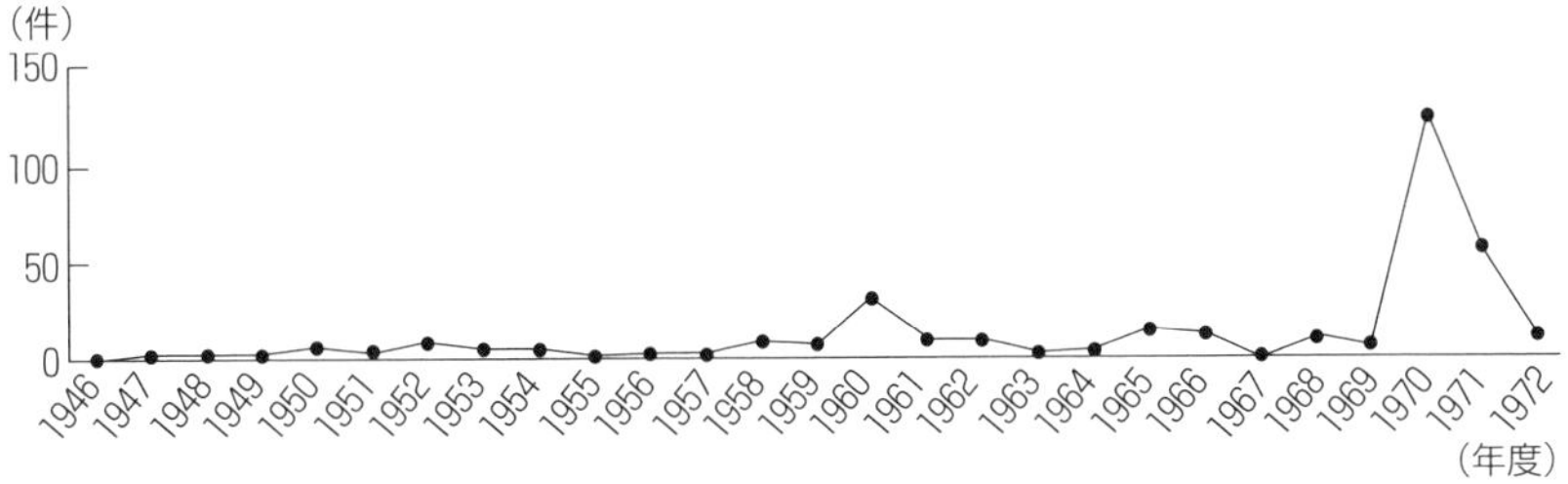

図1－2　『人民日報』（1946-1972）における日本軍国主義に関する記事の件数

出典：1946年から1972年までの『人民日報』の電子版データベースで，見出しに「日本軍国主義」という言葉を含む記事を検索した結果を基に，筆者作成．

が靖国神社法案を国会に提出したなど様々な行動はすべて天皇を〝神聖にして侵すべからず〟絶対的な権威を持たせようとする企みであり、日本国民に天皇を盲目的に崇拝させ、天皇のために無理やり命がけで働かせるためである」と同様の主張を行っている(53)。これらの記事に共通しているのは、戦前の天皇制復活と軍国主義復活を結びつけている点にある。日本における軍国主義の台頭の重要な柱として天皇（制）を見ていたのである。

しかし、一方で一九七一年六月一一日付の記事は「日本の反動派はマスコミを始動させ、天皇の裕仁の〝徳政〟をおだて上げ、彼の戦犯イメージを取り除き、極力に裕仁を〝平和主義者〟、〝人民を大切にする英明な天子〟と扮装し、特に天皇夫妻をヨーロッパに訪問させ、その社会的地位をつり上げようとしている」という主張も行っている(54)。

つまり、戦前天皇制の単なる復活ではなく、「平和主義」的イメージを新たにまとった戦後的な天皇制が登場しているというのである。いずれにしろ、「これらの行動は日本の軍国主義分子が天皇と軍隊が一体化した戦前の反動的、封建的な軍事ファッショの体制を極力に再建していることを表明する」と強調するように、天皇（制）は日本の軍国主義における重要な道具とみなされた。

軍国主義復活と結びついた天皇（制）に対する批判的な見方は、米中接近の時点においても続いていた。そのことは一九七一年七月に行われた周恩来とキッシンジャーとの秘密会談での周恩来の発言からも読み取れる。

周恩来はキッシンジャーに対して「最近日本の少数の野心的な軍国主義者は勢力を伸ばしつつあり、軍閥的精神構造も同様です。あなたに申し上げているのは、大統領にこの点に注目してほしいからです。日本の天皇は、日本軍国主義を維持するこのシステムの基礎になっています。彼は世界中を旅して回るイギリスの女王とは異なった状況にいます」と天皇（制）への懸念をはっきりと表明した[55]。

ところが、このような厳しい批判を行ってから一年も経たないうちに、日中国交正常化が劇的に実現された。一九七二年九月三〇日の朝、田中首相一行が帰国の途についたところ、周恩来がタラップの前に歩み寄って最後の別れの握手のために手を差し出し、「お帰りになったら、天皇陛下によろしくとお伝えください」と田中にお願いした[56]。

当時、日本の侵略と支配を体験した世代の中国人が多数存在し、「侵略戦争＝天皇の戦争責任」との受け止め方が強い中国国内では「天皇陛下」という言葉は禁句であった。しかし、日中国交正常化の実現により、現在の日本国憲法で日本の象徴と規定され、大多数の国民が尊敬する天皇にあいさつを送るのは、新しい日中関係を構築するのにも役立ち、日中双方の国益にもかなうと考えられた。そこに現実主義的外交家としての周恩来の真骨頂がにじみ出ていたといえよう。

おわりに

以上、延安時代の共産党から国交正常化に至るまでの中国の天皇（制）認識を中心に、その変化の軌跡をみてきた。本章で明らかにしたように、中国の天皇（制）認識は野坂参三から強い影響を受け、天皇制を容認する見方につながった。それは天皇制の存続と日本の「戦後体制」は共存できるという戦後構想へと受け継がれていったのである。

しかし、その後の国際情勢の変化が、中国の天皇（制）に対する扱いの変化を生み出した。特に、中米関係が悪化し、一方で中ソ同盟が確立するなかで、中国は激しい天皇（制）批判を行うようになった。ところが、五〇年代半ば、中国の天皇（制）に対する姿勢は再び融和的なものへ回帰した。それは、中国の対西側外交戦略と日本の内政の変化と結びついたものだった。しかし、岸内閣の登場以降、中国は天皇（制）への融和的姿勢を放棄し、日本の軍国主義の有力な手段として天皇（制）を位置づけ、批判していった。このような姿勢は日中国交正常化直前まで続いたのである。

以上のような推移をみると、中国は、天皇が日本社会に大きな影響力を持っていることに基づき、その時々の外交戦略上のカードとして考えていたことがわかる。そこには、中国の天皇（制）認識の二面性が存在していた。一つの側面は野坂の影響によって形成された「共存可能な天皇（制）」認識であり、もう一つの側面は侵略戦争の「批判対象としての天皇（制）」認識である。どちらが前面に出るかは中国の対外政策における戦略の変化と密接に関連していたのである。

第二章　天皇訪中問題の登場

一九七二年、日中国交回復の実現により、毛沢東・周恩来という中華人民共和国革命第一世代のリーダーから天皇に送られた友好的なシグナルは、一九七八年の日中平和友好条約の締結のもとで、鄧小平という第二世代リーダーによる天皇訪中の招請となり、天皇訪中問題が具体的な外交課題として登場した。天皇訪中の招請は、なぜ日中国交回復の実現直後ではなく、それから六年後の、平和友好条約の締結の時期に行われたのだろうか。

本章では、日中国交正常化から平和友好条約締結までの六年間における天皇訪中問題をめぐる日中双方の動きを明らかにしたい。

第一節　日中国交正常化と反覇権条項

最初に、日中国交正常化の経緯を簡単に振り返ってみよう。

周知の通り、一九七一年七月のニクソン・ショックが日中国交正常化の引き金となった。米中接近は、日本にとって、日米安保体制の枠組みの中で日中正常化交渉を進めることを可能にするものだった。

一九七二年の自民党総裁選で勝利を収めた田中角栄は、早期に総選挙を断行するために日中国交正常化の実現を急いだ。実は、中国側も日中国交正常化の早期実現を希求していた。そのため、中国は、日華断交をほぼ唯一の条件に、対日賠償請求の放棄を確約し、日米安保条約の現状維持と日台実務関係の存続を受け入れる方針を示した。急速に国交正常化交渉が進展したのは、田中政権の焦りというより、中国側が「竹入メモ」によって、日本側の受諾可能なラインまで譲歩したことが最大の要因であると言われている(1)。

なぜ、ここまで大幅な譲歩をしてまで、中国は国交正常化を進めたのだろうか。最大の要因は、対ソ戦略だった。すなわち、中国は大幅な譲歩と引き換えに反ソ戦略を象徴的に示す反覇権条項を日中共同声明の第七項として明記することを主張し、それに成功したのである。五〇年代に同盟関係にあった中ソは、六〇年代に入り対立を深め、六〇年代後半には軍事衝突に至るほど関係が悪化していた。「反覇権」が、六〇年代後半以降激しく対立していたソ連を指していることは明らかだった。

中国外務省日本課副課長であった丁民が「我々には米中、日中関係の変化によって日米安保の矛先から中国が外される、という認識はあった。ソ連と台湾の接触はかなり警戒したが、大した接触はなかった(2)」と回想したように、ソ連への警戒感は非常に強いものであった。さらに言えば、中国の主眼は日米中による対ソ包囲網の構築にあったのである。

当時、田中首相や大平正芳外相、外務省幹部らは、共同声明のなかの反覇権を内容とする第七項の意味を理解していた。後年、外務省条約局課長であった栗山尚一が、日本側が周恩来により提案された反覇権条項をめぐって検討したことについて、「その結果、米VSソ中という国際政治の二極構造を三極構造に変えようとする米中の勢力均衡ゲームに日本が参加するのは危険な『火遊び』との認識は、事務レベル、政治レベルの双方で共有された(3)」と述べている。栗山は続けて「条約局として『望ましくない』とは言ったが、米中の上海コミュニケにも書かれており、全体として譲るべきところと考えた」と振り返っており、警戒しながらも、アメリカの外交路線に反しないという理由で、この条項を認めたのであった[4]。

ただし、日本側はソ連との関係悪化も回避したかった。そのために日本が主張したのが、第三国条項だった。第三国条項を挿入して反覇権条項の反ソ色を薄めることに全力で取り組んでいたのである。最終的に第七項は、「日中両国間の国交正常化は、第三国に対するものではない。両国のいずれも、アジア・太平洋地域において覇権を求めるべきではなく、このような覇権を確立しようとする他のいかなる国あるいは国の集団による試みにも反対する」というかたちで決着した。

第二節　反覇権をめぐる日中の攻防

しかし、日中国交正常化実現の翌月（一九七二年一〇月）、大平外相はソ連を訪問した際、ソ連が予想以上に反覇権条項に危惧の念を抱き、日中国交正常化に対して強い警戒感を持っていることがわかった[5]。ソ連の軍事的脅威、そしてソ連との間に残されていた北方領土の問題は、日本にとって考慮しなければならないことだった。それゆえに、大平訪ソをきっかけに、日本は反覇権条項の扱いににわかに慎重になったのである。

実は、訪ソ中の大平がコスイギン首相と会談するとともにグロムイコ外務大臣との間で第一回日ソ平和条約締結交渉を行った。この交渉において、日本は、領土問題の解決なくしては平和条約の締結はありえないとの基本的立場から、歯舞群島および色丹島とともに日本固有の領土である国後島および択捉島の返還を強くソ連側に要求した。しかし、ソ連側の態度は依然として固く、日本側の要求に応じなかった[6]。

これに対して、『人民日報』は一一月、「ソ連は、日本への北方領土の返還拒否を堅持し、その上、絶えず日本を非難し脅迫した」と報道した[7]。中国は日本の対ソ領土要求を公然と支持したのである。反覇権条項を踏まえての中国の戦略的な情報発信だったといえよう。

一九七三年八月、中国共産党第一〇回全国代表大会が行われた。周恩来は、会議の政治報告書で、党中央の国際情勢に対する基本的な戦略判断について詳しく述べた。そのなかで、ソ連は主な戦争策源地であり、アメリカよりも危険な敵である。中国はソ連の拡張に対抗できる国際統一戦線を確立するために、外交面で調整を行う必要があると強調した。これによって、最も危険な敵であるソ連を最大限に孤立させ糾弾するための反ソ国際統一戦線政策が最終的に定められた(8)。この政策に沿って中国は、ソ連との対抗に役立つかどうかを基準に、対外関係の再編に着手した。その結果、中国外交は、アメリカおよび他の西側諸国との関係正常化を進め、ソ連を孤立させることを目指した(9)。対日外交の最優先課題も、反覇権条項を含む日中平和友好条約の早期締結となったのである(10)。

一方、日本では、田中の後に首相に就任した三木武夫が、一九七四年一二月一四日の所信表明演説で、「日中共同声明の諸原則を誠実に履行し、日中平和友好条約の締結を促進いたします」としながら、日ソ関係についても「平和条約を締結するという懸案に積極的に取り組む所存であります」と述べた(11)。日ソ・日中両関係の均衡のとれた外交政策を行うということであり、中ソの対立に巻き込まれない立場であることを明らかにした。実際、三木政権下で、日中・日ソの外交交渉は一九七五年一月一六日に同時にスタートを切った。これは、対ソ・対中関係の均衡を重視する同政権の性格を表す象徴的な現象だと言われている。しかし、三木政権がとった対中・対ソ均衡の姿勢は早くも、対中・対ソの両交渉で壁にぶつかった。日中平和友好条約の交渉において、両国が反覇権条項をめぐり対立していることが二三日の『東京新聞』によって報じられると、日中平和友好条約交渉へのソ連の牽制が本格化し、事態は混迷の度合いを深めていって(12)、早くも一九七五年五月には、膠着状態に陥っていた。

そのようななか、六月一八日に、キッシンジャー国務長官は、ニューヨークで開かれた日米協会の年次総会で行った演説で、「いかなる国あるいは国家グループであれ、力の優越性や脅迫によってその意思をアジアに押しつけることに反対する」と覇権反対の姿勢を表明するとともに、「アメリカは同盟国と敵対国をはっきり区別している。等距離外交は神話にすぎない」と述べている[13]。この発言は、中ソとの等距離外交を試みていた三木政権に対して、外交政策の転換を促すためになされたと考えられる[14]。

第三節　天皇訪中発言

米中双方から厳しい態度が示された三木の等距離外交が続いていたなか、昭和天皇による訪中に前向きな発言がなされた。訪米を控えた一九七五年九月二六日、昭和天皇は米タイム誌との会見で、「中国と平和条約が締結され同国を訪問する機会があれば、幸いなことと思う」と発言したのである[15]。

しかし、天皇発言は日中両国政府に黙殺されてしまった。それはなぜなのだろうか。その背景には、当時の日中両国外交が直面している問題があったと考えられる。つまり、当時の日本政府にとって、反覇権条項で中ソ両国からの圧力がかけられており、天皇の発言に対する肯定的あるいは否定的な姿勢を示すと、ソ連あるいは中国の対日姿勢を硬直化させる恐れがあるので、黙殺するのは無難だと判断したのではないか。日本は昭和天皇の訪中意欲発言に対して、政府としての公式の説明は一切行わなかったし、メディアの報道も一回きりで終わったのである。

一方、厳しい中ソ対立のなかにあった当時の中国にとって、対日外交の最優先課題が反覇権条項を含む日中平和友好条約の早期締結であった。この時期にあっては、天皇訪中問題はあくまで副次的な問題に過ぎなかったのである。言い換えれば、天皇訪中への布石として、まずは日中平和友好条約の締結を実現しなければならなかったのである。

この点を示す一つの例として、天皇訪米期間中に行われた日中文化交流協会代表団の訪中記録を紹介する。代表団の一員として、一九七五年九月二八日から二週間訪中していた色川大吉は、天皇の訪中発言報道に関する中国要人の反応について「あの報道以降、私たちは数回にわたって中国の各級の要人と会ったが、彼らは進んでその問題にふれようとはしなかった。このニュースを知らなかったはずは、絶対ない。だが、中国共産党政治局員、姚文元氏と六日に北京で会見したときも、北方領土問題で感情をあらわにして激しく覇権主義を攻撃したにもかかわらず、ホットニュースであるはずの天皇訪中についてはひとこともふれなかった。その他の場所で、私たちの団員の一人がこの問題にふれたとき『条約成立後の天皇訪中なら別に問題ない』と答えた人がいただけだ[16]」と述べている。すなわち、中国政府にとって、天皇訪中はあくまで平和友好条約締結後と位置づけられていたのである。

このように天皇訪中問題は、七〇年代半ばおいては必ずしも日中双方において重視されていなかった。だが文化大革命の終焉など中国国内情勢が変化するなかで、天皇訪中問題は、徐々に積極的に取り扱われるようになった。

第四節　日中平和友好条約の締結と天皇訪中問題の登場

昭和天皇が訪中に意欲的な発言を行って間もなく、中国の国内政治が流動化し始めた。一九七六年に入り、中国では、一月に周恩来の死去、四月に鄧小平の二度目の失脚、七月に唐山大地震の発生、九月に毛沢東の死去、一〇月に「四人組」の逮捕による文革の終結と内政面での不安定な状態が続いた。そうしたなか、天皇に対する中国側の認識についてみれば、変化の兆しも出始めていた。例えば、一九七六年末、『人民日報』は初めて昭和天皇が日本国の元首であるという認識を示した[17]。

国内政治が不安定だったという点では日本も同様だった。この年二月にロッキード社献金問題が発覚し、七月に田中前首相が逮捕され、三木政権は求心力を失っていった。結局、日中間の条約交渉は日中両国の不安定な内政に加え、ソ連から日本に対して執拗にかけ続けられた圧力[18]のもとで、頓挫したまま中断状態が続いていた。そのようななか、七六年一二月に三木政権に代わって福田（赳夫）政権が誕生した。

日中平和友好条約交渉に進展がみられたのは福田政権の時だった。一九七七年後半に入り、条約交渉再開の機運が高まってきたのである。その背景には、中国の国内政治の変化があった。中国では、同年七月に鄧小平が復活し、翌八月の第一一回党大会で「四人組」との闘争を総括し、文化大革命の収束を宣言し、それまでの階級闘争路線に代わって、近代化建設路線を掲げた。この路線転換を推し進めるには、安定した国際環境が必要である。鄧小平を中心とする中国政府は、このような考えに基づいて、対米国交正常化と対日平和友好条約の締結に臨んだのである。九月一〇日、鄧は日中友好議員連盟の訪中団との会見において、条約交渉について「実はこのようなことは一秒で解決できます、多くの時間は必要ありません。一秒とは〝調印〟です」と語り、福田に対して早期の決断を迫った[19]。日本では、鄧小平の再復活を機に、一〇月に「日中平和友好条約促進協議会」が結成され、財界では日本国際貿易促進協会が中国を訪問した。そして一九七八年二月には、有効期間を八年間とする日中民間長期貿易取り決め[20]を結んだ。このように、政財界ともに日中平和友好条約締結を求める声が一九七七年秋からにわかに高まってきた[21]。

このような情勢に応じて、福田は全方位平和外交を交渉の前面に打ち出した。全方位平和外交は福田の外交理念の象徴としてよく知られているが、福田は政権当初からこれを提唱していたわけではない。福田が全方位平和外交という言葉を国会答弁で初めて用いたのは一九七八年一月のことであった。それは外交に関する一般論を語ったというよりも、日中平和友好条約交渉が本格的に動き始めた段階で、ソ連に対して、日中交渉が日ソ関係には影響を与えないというシグナルを発するためのものであった[22]。日中平和友好条約の締結を具体的なスケジュールに入れることを決意した福田は、それがソ連を敵視する反覇権外交に同調するものではないという立場を明確にする必要があったのである。

この頃アメリカは、対中積極外交に転じていた。カーター政権は、米ソデタントの挫折によりソ連に対する強硬な態度へと回帰し[23]、米中国交正常化問題の解決に決意を固めた[24]。それを背景に一九七八年五月三日、カーターは訪米した福田に「日中両国の友好関係促進と条約締結の成功を祈る」と難航していた日中交渉を促し、日本に圧力をかけた[25]。米中両国の圧力に挟まれた福田は、政府ルート以外の民間ルートを使って、秘密裏に日ソ関係の打開を試みたり[26]、反覇権条項を第三国条項で空洞化させたりすることに全力を傾けて、条約締結によるソ連への影響をできるだけ最小限にとどめようとした。

一九七八年八月一二日、日中平和友好条約がようやく締結されることになった。反覇権条項については、日中間の交渉の結果、双方の解釈の違いを残したままだった。こうしたなかで、熱心に「対ソ包囲網」作りをしようとした中国の最高指導者鄧小平が、日中平和友好条約の批准書交換式に参加するため、日本を訪れた。そこには日ソ関係を考慮し、反覇権条項に消極的な日本への働きかけの意図も含まれていたに違いない。そのような状況のなかで行われたのが昭和天皇と鄧の会見だった。この会見のなかで鄧小平は、昭和天皇に対して訪中招請を行った。こうして、天皇訪中問題は日中間の交渉課題として正式に登場した。

一九七二年の日中国交正常化から鄧小平の訪日までの期間は、中国側も日本側も天皇訪中問題をなるべく回避したかった。鄧小平の訪日の際の天皇訪中招請はそれまでの両政府の曖昧な姿勢を大きく変えるものであった。そこには、日中双方の対ソ認識が密接に関連していたのであるが、この点を含めた以後の経緯は、次章でみることにする。

おわりに

以上の分析から、日中国交正常化から一九七八年鄧小平の訪日までの六年間、天皇訪中問題については日中双方とも消極的だったことがわかる。昭和天皇自身が訪中に積極的な発言を行ったにもかかわらず、両政府はそれを黙殺したことにそのことは示されている。このような状況の背景には、日中双方とも内政が不安定だったこともあるが、最も重要な要因は、両国の対ソ戦略の不一致であった。これも本章冒頭で提出された「天皇訪中の招請は、なぜ日中国交回復の実現直後ではなく、それから六年後の、平和友好条約の締結の時期に行われたのだろうか」という質問の答えである。反ソ国際統一戦線に向かう中国とそれに慎重な日本という立場の違いを調整できないかぎり、天皇訪中問題は政策課題に上らなかったのである。こうした状況を突破したのが日中平和友好条約の締結と鄧小平の訪日だった。

第三章　幻の昭和天皇と皇太子の訪中

本章ではまず、鄧小平と昭和天皇との会見での発言の順番に注目し、中国側最初の訪中招請について、その背景と意図を分析する。次に、中曽根政権のもとで、昭和天皇が明確に示した訪中の願望がなぜ黙殺されたかを明らかにし、その後浮上した皇太子訪中計画を検討する。

第一節　鄧小平訪日と天皇訪中招請

反覇権の取り扱いについて、対ソ戦略の一環に日本を組み込むことに成功した中国側と、「特定の第三国に対するものではない」という原則を堅持した日本側がそれぞれの解釈を行いながらも、一九七八年八月一二日、日中平和友好条約はようやく締結された。

条約締結という外交課題に決着をつけた鄧小平は、国務院副総理として、一九七八年一〇月二二日から二九日までの間、条約締結文書交換式に参加するため日本を訪れた。これは中国の首脳として初の公式訪問であり、天皇との会見を実現させた。

訪日中、鄧小平は政治的な活動のほか、製鉄工場、自動車工場、電気機器工場など日本の大手企業を視察した。

日本の経済成長を目の当たりにした鄧小平は新幹線搭乗の際、「『速い』の一言に尽きる。まるで誰かがわれわれを押しながら走っているようだ。われわれは今、走らなくてはならない」と意味深長に語った[1]。中国共産党第一一期中央委員会第三回全体会議（三中全会）の直前に行われた今次の訪日は、中国の改革開放の総設計者である鄧小平にとって、中国近代化の大戦略を準備するための下調べの旅でもあった。

鄧小平と昭和天皇との会見は、一〇月二三日、批准書交換式の後、午後一二時に行われた。中国の事実上の最高指導者である鄧小平と、日本の象徴たる天皇との初めての面会であった。しかし、この会見で両者が交わした発言は正確に報じられず、その真相は二〇一八年までずっと隠されていた[2]。会見の時に天皇の通訳を担当していた当時の外務省アジア局中国課長の田島高志の証言によると、会談では次のようなやりとりが行われた。重要な内容であるので、やや長くなるが、証言の全文を引用しておきたい（特に重要な箇所については、筆者が番号を付け、傍線を引いた）。

会談は、極めて和やかな雰囲気で始まった。冒頭に陛下からの歓迎のお言葉と鄧小平副総理からのご挨拶の言葉が交わされた後、陛下より、「日中平和友好条約の批准書の交換を喜ばしく思います。……閣下夫妻の来訪を国民一同が歓迎しています」と述べられた。

鄧小平副総理は、陛下のお言葉への謝意を述べるとともに、「この条約は、想像以上に深遠な意義を持つものだと思います。これは中日間の歴史を政治的に総括するものであり、同時に今後の両国間の関係を一段と発展させる新しい出発点でもあります」と応えられた。

それに対して陛下より、「貴国とは伝統的な歴史関係があります。その上にこの度の条約が結ばれました。これは確かに重要な意味を持つものであると思います。①一時不幸な出来事がありましたが、それを過去のこととして、この度の条約により、これからは是非種々な関係で新しい親善が進み平和が保たれることを心から願っています」と述べられた。

　このお言葉に対し、鄧小平副総理は間髪を容れず、「②陛下のただ今のお言葉に大変感動いたしました。中日両国人民は、二〇〇〇年有余の友好関係の歴史を持っています。③一時問題はありましたが、それは既に過ぎ去りました。今後われわれは前向きの態度で両国の平和友好関係を築き上げて行きたいと思います」と応えた。

　陛下はさらに、「この条約を基礎に長く両国の親善と平和が進むことを期待しています」と重ねて強調され、鄧小平副総理は、「陛下のおっしゃるとおりであり、全く同感です」と応じた。

　その後は陛下より、「快適なご滞在を希望します。日本国民もそう期待しています」などのお言葉があり、鄧小平副総理より、「お心遣いに感謝いたします。長年の訪日の願望が実り大変嬉しく思います。……陛下は私より年上とお聞きしましたが、非常にお元気ですね」などの発言があり、温かい雰囲気の中に歴史的な会談は終了した。

　以上が肝心な歴史的意義のある部分の真相である。日本の各紙記事で、会談が終始和やかな雰囲気の中に行われた旨記述されたことは正確であり、そのとおりであったが、会談の内容については、陛下の「一時不幸な出来事がありましたが……」とのお言葉があり、次いで鄧小平副総理の「それは既に過ぎ去りました。今後われわれは前向きの態度で……」と進んだ発言が、逆の順序で報道されたのである。(3)

以上が実際に行われた会談の内容であるが、日本の報道では③次いで①の順で報じられ、②は省略された。では、当時の中国側ではどのように報道されたのだろうか。次の通りである。

　日本の天皇裕仁、皇后良子両陛下は、二三日昼東京の皇居で鄧小平副総理および卓琳夫人と会見し、友好的に話し合った。天皇陛下は、鄧副総理の来訪に歓迎の意を表した。鄧副聡理は、これに感謝の意を表した。〔中略〕会見の中で天皇陛下は、日中両国は長い友好の歴史を持っており、一時期不幸な出来事があったとはいえ、それは既に過去のものとなったと述べた。天皇陛下は日中平和友好条約の批准書交換を喜び、これは深い意義を持つものであると認めた。天皇陛下は、今後両国の親善が深まり、長期にわたり平和が保たれるよう希望した。鄧副総理は次のように述べた。われわれもこの条約が深遠な意義を持つものであると考えている。過去の出来事は既に過ぎ去った。今後、われわれは前を見るという態度で、両国の平和関係を打ち立てなければならない。この条約は現在までの両国関係の政治的総括であり、両国関係を一段と発展させる新しい出発点でもある。この条約は、われわれ両国が子々孫々まで友好的につき合っていく上で重要な意義を持つばかりでなく、アジア・太平洋地域の平和と安定に重要な意義を持ち、世界平和にとっても重要な意義を持っている(4)。

中国側の報道は、双方の発言を逐語的な順序で伝える形式ではなく、双方の主要な発言をそれぞれにまとめて伝える形式により主な発言内容を報道したものであるが、その内容は正確であったと言われている(5)。

このような日中の報道の不一致は、単に両国の報道方式の違いによるものではなかった。日本側メディアが天皇と鄧小平の発言の順番を入れ替えて報じたのは、宮内庁式部官長の湯川盛夫がメディアに対し意図的に順番を入れ替えた発言を伝えたからであった。というのは、湯川は、天皇がまず最初に歴史認識に関わる発言をしたとなると、天皇の政治的発言として象徴天皇制の根幹に抵触するという批判を恐れたからである。一方、中国側が日本の各紙が発言の順序を不正確に報道したことをとくに問題視しなかったのは、天皇発言をめぐって両国間で無用で複雑な問題が起こるかもしれないと考え、それを避けるためであった。いわば日本側の面子も守れるように配慮した報道方式を採ったのではないかと言われている(6)。

天皇と鄧小平の会談に関する、このような報道のあり方には、日中関係における天皇問題の複雑さとそれに対する日中双方の慎重さが示されている。日本側は天皇の政治介入問題と受け取られることを回避し、同時に歴史問題で中国側に口実を与えることも回避しようとした。中国側もまた、経済再建を最優先する改革開放路線への転換を進めるため、「賢明な大人らしい対応」をとったのである。

いずれにせよ、天皇は予想以上にはっきりと、過去の日中関係の不幸な事態について謝罪を含む言葉を述べた(7)。鄧小平も歴史問題については「過ぎたことは追及しない」とし、将来の日中友好関係の建設を重視する態度を示した。そして、天皇の言葉に感動した鄧小平はその場で直接に天皇に中国への招請の意図を伝えた(8)。このような未来志向の会談のなか、満州事変から始まった日中両国の不幸な歴史は、この日の天皇と鄧小平の握手で幕を閉じたかに思われた(9)。

天皇との会見後、鄧小平と福田赳夫との第一回日中首脳会談が午後三時半から首相官邸で二時間近くにわたって行われた。このなかで福田は、「日中間の過去の反省の上に立って、世界のすべての国との友好関係を進めるという平和外交に徹している」と述べ、日本がとっている全方位平和外交の基本原則を説明した。また、「これは等距離を意味しない。だが、世界の現状の中では、日本への侵略があるかもしれない。日本は自衛が必要で、自衛力の整備を図っている」と日本の安全保障体制を説明した。

これに対し鄧は、日本の基本的な外交方針に理解を示し、「日米安保や自衛力の増強は当然のことだ」と述べた。また、世界情勢について、「中国も日本と同じように世界各国との友好を目指す点では変わらない。ただ、中国としては世界の情勢分析について日本と必ずしも同じではない。憂慮している問題がある。超大国のいうデタントは、実際は実体を伴っておらずソ連は核軍備と通常兵器を強化している」とソ連を非難し、ソ連の出方に強い警戒心を示したが、日本側に同調を求めることはしなかった(10)。これは日本の全方位平和外交に理解を示し、日本側に気を使った政治的外交的な態度であったと言われている(11)。

二五日には、鄧小平と福田との第二回首脳会談が行われた。福田は中国の四つの近代化に対する日本の協力について、軍事面以外なら「あらゆる面で協力を惜しまない」との立場を改めて伝えた[12]。この日本側が約束した軍事協力以外の全面的な協力姿勢は、中国の国力強化に繋がり、中国と対立しているソ連にとって不利になるのは一目瞭然だった。鄧小平にとっては、訪日の最も重要な成果を得たことを意味した。

鄧小平訪日の意味を『毎日新聞』は次のように報じた。「鄧氏が日本にやって来たということは、中国の『現実的な安定した国づくりを目指す』決意がいかに固いかを示すものだ。かつて自分たちの境遇を未曾有の貧困と混乱に陥れた敵国・日本である。鄧氏はその日本で天皇と会い、資本家と握手した。好んでできることではない。鄧氏の決意の表れとみるべきだろう[13]」。この報道に見られるように、鄧小平が天皇と握手し、天皇に訪中を招請したのは、中国側が新たな日中関係の構築を目指すための重要な課題として天皇訪中問題を位置づけていると受け止められた。

当時の中国には二つの天皇イメージがあった。日本国民に敬愛されている天皇と中国人民に歴史上かつてない惨害をもたらした侵略戦争の総指揮者である天皇という二つのイメージである。鄧小平と天皇の握手は、中国側が前者の天皇イメージを選んだことを意味した。このことは、第一章で触れた延安時代に野坂によってもたらされ、毛沢東によって受け入れられた天皇イメージの復活を意味していた。

中国側は、天皇制が持つ日本の国民感情に対する影響力に着目し、天皇を招請することによって、日本国民全体の中国に対する感情を転換させようとしていた。親中感情を高めることにより、新たな日中関係をさらに緊密なものにしようとしたのである。

鄧小平訪日以後の中国は、日中間の教科書問題や靖国参拝問題などの歴史問題に関して、積極的に日本を追究せず、そうした問題を取り上げる場合も抑制的な姿勢をとった。中国は、鄧小平が天皇に示した「過ぎたことは追及しない」という態度を基本的に堅持したのである。しかし、日本国内の右翼などによる戦争の美化や戦争責任の否定の動きについては断固として反発することは忘れなかった。

以上述べたように、一九七八年の鄧小平訪日とその際に行われた昭和天皇との会見は、過去の日中関係の不幸な歴史に一応区切りをつける機会となった(14)。これを契機に、天皇訪中問題が初めて日中外交の舞台に登場したのである。

第二節　日本政府の天皇訪中抑制策

一九七八年に鄧小平が初めて天皇と会見した翌七九年春、全国人民代表大会常務委員会副委員長の鄧穎超、その翌年の八〇年五月には華国鋒首相、さらに、八三年一一月には胡耀邦総書記が、訪日して天皇と会見した。三人はそれぞれ、天皇に対し直接、中国訪問を招請した(15)。また、他の政府派遣の訪日視察団も、日本政府関係者に対し「日中間では各界各層の交流が積み重ねられているのに、皇室だけがいまだにない」などの意向を伝え、できれば天皇の訪中を希望していることを示唆した(16)。このように、一九七八年の鄧小平訪日を契機に、中国側では、天皇訪中の気運は急速に高まっていった。天皇訪中が実現するのは時間の問題であるかのように思われた。しかし、これらの招請は日本側によって抑え鎮められたのである。その理由はどのようなものだったのだろうか。

それは、主として日本側の事情によるものだった。華国鋒首相の訪日直前、外務省は五月二一日付の極秘公電で、「右翼が反発するとの懸念から、天皇訪中について言及しないよう」と事前に申し入れていた(17)。日本側は、天皇訪中に対する国内世論の反発を危惧していたのである。それに加えて、当時の日本の外交路線上の問題が天皇訪中の動きにブレーキをかけた。

一九七〇年代から八〇年代にかけての日本外交は転換期にあった。ソ連の軍備増強にみられるようなデタントの終焉、そしてベトナムでの事実上の敗北によるアメリカの相対的パワーの衰退により、日本は自主外交を展開する必要に迫られた。時の内閣の基本政策として、福田内閣の全方位平和外交あるいは大平内閣の環太平洋連帯構想が模索された。特に、大平内閣のもとで立案された「総合安全保障」戦略はその後の日本外交の方向性を示すものとしてばかりではなく、日中関係のあり方を示すものとして重要な意味を持っていた[18]。

「総合安全保障」戦略は、「日中関係の進展へのソ連の対応が逆効果的なものとなっている」ことを認め、そのような「悪循環を放置して、日ソ関係の悪化を甚だしいものにすることは、日本の安全保障上極めて好ましくないことである」と認識し、「上述の悪循環をいかにして破るか、少なくとも阻止するかが、日本の安全保障政策上の重要な課題である[19]」と規定した。このような自己規定に基づいて、慎重に日中関係を強化しながらも、日本は日ソ関係の悪化を避けるため、ソ連への配慮も持続させることになった。対中関係については、円借款をはじめとする対中経済関与を通して、日中関係の内実を整えることになった。

このように、中ソ対立（あるいは反ソ国際統一戦線路線の堅持）が存続するかぎり、日本は主として経済面での中国支援を強化するものの、対ソ関係については慎重な姿勢を崩さないことが何よりも重要だった。そのため、天皇訪中は、ソ連を必要以上に刺激するものと考えられ、慎重に対処することになったのである。

第三節　中曽根内閣と昭和天皇訪中意欲の黙殺

大平の急死に伴い、鈴木政権が成立するが短命に終わり、一九八二年一一月に中曽根政権が成立した。

その二ヵ月前の九月に開かれた中国共産党第一二回全国代表大会で、中国は反ソ国際統一戦線外交の見直しとして、「独立自主外交」を提起した。中国外交姿勢の転換は日本に少なからぬ衝撃を与えた。当時の首相・鈴木善幸は、訪中の際の首脳会談で、中国側に米国主導の対ソ戦線に留まることを望む姿勢を示した。ここにおいて、反ソ統一戦線に日本を引き込もうとする中国とそれに巻き込まれまいとする日本というそれまでの構図が逆転したと言われている[20]。

ただし、当時の中国は反ソ国際統一戦線方針を完全に放棄したわけではなかった。鄧小平は同大会開幕の辞で、全方位外交をしながらも反覇権の立場を堅持するとも宣言した[21]。ここでは、具体的な対ソ政策として、中ソ関係改善にとっての「三大障害」、すなわち、①中ソ国境・中蒙国境におけるソ連軍の駐留、②ベトナムのカンボジア侵攻へのソ連の支持、③アフガニスタンのソ連軍駐留の解消が前提条件であるとされていた。三つの障害が存在する限り中ソ関係改善は進まないというのが中国の立場だった。中国がこうした微妙な外交戦略を立てたのは、急速な中ソ接近が日中関係、中米関係に悪影響を及ぼすと考えたからである[22]。

こうした情勢のもとで成立した中曽根政権は「新冷戦」から「新デタント」へ至る国際環境の変動のなか、前期（一九八三〜八四年）には対中接近と対ソ対決を推進するが、後期（一九八五〜八七年）には対ソ関係打開に乗り出した[23]。

一九八三年一月一七から二〇日に初訪米した中曽根首相はレーガン大統領との首脳会談で、「日本の安全保障政策の基本は、第一に日米安全保障体制を堅持すること、第二に、中ソ対立の状態を維持しておくことである」と率直に、日本の対中接近の本意を語った[24]。

中曽根はまた、訪米直前に「電撃」訪韓を行った。その際全斗煥大統領は中曽根に対して中ソ再接近への強い警戒感を示し、日本側に中ソを離間させる策を要望した。これに対して、中曽根は「中ソ関係については全く大統領のお説のとおりであり、日本の安全には中ソが対立していることが重要なファクターの一つである」と中ソの離間を図る必要性を訴えた全の発言に賛同した[25]。中曽根は当時、中ソ関係の改善が「中ソ両国の日本に対する立場の相対的優位に繋がる」と考えており、その意味で両者の接近を警戒していたと後に振り返っている[26]。

一九八三年一一月、胡耀邦総書記が中国共産党最高指導者として初めて日本を訪れた。胡は、日中協力を犠牲にしてまでも中ソ関係改善に踏み切ることは有り得ないことを中曽根に確約した。[27]中曽根は、「日中関係とその背後に米中関係を重視し、ソ連を潜在的敵として認識する」長期的戦略を持った胡と「強く共鳴した[28]」。

第二次中曽根内閣成立後、中曽根は「日米―基軸。この成果によりアセアン、欧、中を固め、ソに対す。ソとの冷却は覚悟、あまりに日本をナメテいるので、強硬を維持する[29]」と日記に記すが、この外交戦略に即して、内閣改造後初の首相外遊先に中国が選ばれた。一九八四年三月、二一世紀へ向けた日中友好の基礎を固め[30]、成熟した関係の構築[31]を目的とする訪中で、中曽根は「自分自身で増額するよう指示した結果」として、七年間で総額四七〇〇億円の第二次対中円借款の供与を表明した。これは、大平政権によって始められた第一次対中円借款を大幅に上回る金額であった。中曽根はこの決定の背景には、「中国を自由主義陣営の仲間に入れて、ソ連に対する対抗勢力にする」という戦略も含まれており、「現状維持のための道具立てが、円借款でした[32]」と対中円借款の目的は中ソ関係の改善を牽制するためであったと後に振り返っている。

いずれにせよ、中曽根政権のもとで、日中関係は「二千年の歴史で〝最良の状態〟」が形成されたとまで言われるようになった[33]。しかし、中曽根は、中国訪問に執着していた昭和天皇の熱意を黙殺した。当時の昭和天皇の明確な訪中の熱意について、次のような記録が存在する。

日中復交から十年が過ぎ、一九八二（昭和五七）年一一月中曽根政権になってからまもなく、中曽根康弘首相は昭和天皇にご外遊のお伺いをたてている。

（中曽根：）「陛下、いかがお考えですか。まず沖縄に行っていただく必要があります。韓国にもおいでいただかなくてはなりません。それから中国という順番になろうかと思います。いかがおぼし召しですか」

（昭和天皇：）「私は中国に行きたい。しかし、政府はいろいろな関係があるから、諸般のこともよく考えて、取り扱うように」
（中曽根：）「陛下のお体のこともございますし……」
（昭和天皇：）「私は行きたい」
と訪中の熱意を明確にされたという。(34)

昭和天皇と中曽根との対話が行われた具体的な日時は不明である。一方で、侍従長を長く務めた入江相政の日記にも、昭和天皇本人の訪中意欲、そして周囲の人々が天皇訪中を望んでいたことが記録されている。日記によると、一九八四年一月三一日に「常陸宮の首席随員の斎藤さんに挨拶。その拝謁前にお上の外国御訪問について話し合ふ。(35)中国と沖縄とには是非おいでになるべきだといふことで意見の一致」(36)とあり、また、四月二〇日には「総理は十一時から一二時二〇分迄。そして下りがけに『中国へはもし行けたら』といふ思召もうかゞったが、沖縄がまだの時中国へおいでになるのもどうか。全（斗煥・韓国：筆者）大統領へのご答礼の関係もあるしと、つまりこの間の会議の時予が言つたのと同じことを云つて下つていかれる」(37)と書かれている。以上を総合して考えれば、一九八二年から八四年の間にかけて昭和天皇が積極的な訪中意欲を持っていたこと、そして、そのことが中曽根によって抑えられていたことが窺える。

なぜ、日中関係が良好になっているにもかかわらず、昭和天皇が持っている明確な訪中の熱意が再び黙殺されたのだろうか。

鄧小平訪日後の天皇訪中実現に向けての詳細な動きは不明であるが、一九八三年ごろ日本政府内部で、天皇訪中について事務的に検討されたものの、天皇が高齢であることや沖縄をまだ訪問していないことなどから、結局断念したと言われる。[38] しかし、一九七八年から一九八六年まで、昭和天皇が数多くの地方へ植樹祭や秋季国体出席するために参加したこと、特に一九八七年一〇月二三日の沖縄国民体育大会を機に昭和天皇が沖縄を訪問することも予定されていた[39]ことや、沖縄とは関係なく訪欧や訪米を行っていたことからすれば、「高齢説」と「沖縄説」以外に別の決定的な阻害要因があると考えざるを得ない。

天皇訪中実現にずっとブレーキをかけていたのは日中それぞれの外交戦略である。すなわち、中国側にあっては、それまでの対ソ強硬外交からの転換を図っており、ソ連に対して日中の接近を示すための手段として天皇訪中を実現させる積極的な意味は失われつつあった。一方、日本の中曽根政権は対米関係の強化を念頭に「不沈空母」や「三海峡封鎖」などの発言を行い、対ソ対決姿勢を示しながらも、対ソ関係の打開に向けて努力も行っていた。[40] そのため、対ソ配慮として、七〇年代末からの天皇訪中に慎重な姿勢は一貫して維持されていたのだろう。日中双方とも、天皇訪中を積極的に進める意味が乏しくなっていたのであり、日本政府の消極的姿勢は、このような事情を背景としていたと思われる。

第四節　皇太子訪中計画の浮上と挫折

一九八〇年代前半、日中関係は「蜜月期」にあったが、当時の複雑な国際関係のなかで、日中双方が外交政策を模索する状況が続き、天皇訪中は一向に具体化しなかった。このような状況を大きく変える発端となったのが、一九八五年三月のゴルバチョフ書記長の登場だった。

それ以後、中ソ関係の改善は加速した。一九八五年半ば以降、中国は反ソ国際統一戦線方針を放棄し、本格的に中ソ関係の改善に踏み込んだ。一方、中曽根政権もまた対ソ関係打開に乗り出したが、対ソ不信は根強く、ゴルバチョフの新外交に対する警戒感を依然解いてはいなかった。

九月に中曽根に届いたゴルバチョフの親書では、日ソ協力の重要性を強調しながらも、日本側に書記長が提唱する全アジア安保会議構想に関心を払うよう求めている[41]。この全アジア安保会議構想には、国境現状の固定化、日米安保条約の解消、外国基地の撤廃などの内容があり、相変わらず、北方領土返還要求に対する拒否の姿勢や日米離反など日本政府にとって受け入れられないものが含まれていた[42]。この親書を受け取った時点では、中曽根政権は、ゴルバチョフ政権が日本と意欲的に関係改善を行うよりはアメリカとの戦略調整のために、日本カードを使おうとしているとみなしていた。

日本政府はそうしたソ連の対日接近に強い不信感を抱いていた。一九八五年一二月二五日に外務省欧亜局は「ゴルバチョフ政権と我が国の対応」という文書を作成した。文書では、ソ連の平和攻勢に対抗するための日本の対応として、「対中、対韓関係の強化」を含む四つの提案を行った[43]。このような文脈のなかで、皇太子の訪中問題[44]が浮上してきたのである。

皇太子訪中計画は皇太子訪韓問題が日韓間の外交ルートに乗ったことに関連して浮上したので、まず、皇太子訪韓問題について簡単に見ておこう。

同問題はそもそも、一九八四年秋の全斗煥大統領の訪日をめぐる政府間折衝の際、韓国側が「大統領に対応する日本の国家元首は天皇である」として、昭和天皇の韓国招待問題を持ち出したことに端を発していた。これに対し日本側は、天皇が高齢であることや、中曽根首相と全大統領の往来によって首脳相互訪問が整うなどの見解を示して、棚上げ状態にしていた[45]。

その後、日韓国交正常化二〇年を迎えた一九八五年、全斗煥大統領は、皇太子の韓国訪問への働きかけを始めた[46]。最初に、韓国の李奎浩・新駐日大使が一〇月三〇日、韓国政府として皇太子訪韓を積極的に進める意向を初めて明らかにし、一一月六日、改めて皇太子の訪韓実現に強い意欲を示した。これに対して、日本外務省は「白紙の状態」だと繰り返し強調し、訪韓の可能性が低いとまで示唆するなど、一貫して慎重な姿勢を示していた。(47)

しかし、一九八六年一月一日に「最近になって中曽根首相から政府部内で協議を始めるよう指示があり、韓国側とも非公式な連絡がはじま」ったこと、さらに「今秋の適当な時期」が訪韓の目途とされていることが突然報道された。(48)ここには、先の「ゴルバチョフ政権と我が国の対応」におけるソ連の平和攻勢に対抗するための日本の対応としての「対中、対韓関係の強化」の考えが影響を与えていたものと考えられる。中曽根首相の指示によって、急速に日本政府部内で協議が始められるようになったのである。

三日後の一月四日、韓国の聯合通信は日本政府が皇太子夫妻の年内訪韓を実現させるとの方針を決め、韓国政府にその旨伝達したことを報じた。(49)これについては、日韓両国の外務当局ともに否定したが、(50)二月一二日、安倍晋太郎外相は衆院予算委員会で、韓国から要請があったことをようやく初めて明らかにした。(51)

中曽根首相は三月一二日の参院予算委員会で、皇太子訪韓問題が日韓間の外交ルートに乗ったことに関連して訪中問題について言及した。(52)「中国については白紙。しかし（検討中の）韓国のご訪問がつつがなく終わるとなれば、次の段階で、中国にご招待の意思があれば、将来の課題として登場する可能性もある」と述べ、日本側が皇太子を訪中させる用意があることを明らかにした。(53)

このような中曽根の国会答弁に関して、その前の三月三日、外務省高官が「宴会のような席で非公式に話があったとは聞いているが、公式の打診あるいは招請はなかった」と訪中に関する日中間の現状を述べていた。また、五日には、中国外務省スポークスマンは定例会見で、中国政府が日本政府に対して、皇太子の訪中招請を示唆したとの東京からの一部報道について「この問題は日本政府に聞いてもらうのが一番よい」とだけ答え、コメントを避けたが、中国側が先に皇太子を招請したのではなく、日本側が先に皇太子訪中を持ち出したのだというニュアンスを滲ませていた。[54]

一二日の中曽根答弁を受けて、一四日、中国の章曙駐日大使は東京都内のホテルで、「中日関係の現状と将来」と題して講演を行った際に、皇太子の中国訪問について、「かつて皇族の訪中について日本政府筋と話したことがある。現在は日本がどのような考えをしているか待っているところだ」と述べた。[55]「日本政府筋と話し合ったことがある」というのは一九七八年以降の日中間での協議を指しているのだろう。中曽根首相が一二日に前向きの姿勢を示したことをきっかけに、章大使の発言がなされたと考えられる。皇族の中国訪問で中国政府当局者がやや前向きの見解を公式に明らかにしたものと言えよう。[56]

さらに、一九日、中国外務省スポークスマンは定例会見で、「中曽根首相は、中国の招待があれば皇太子訪中があり得ると述べたが、中国の見解はどうか」との質問に答える形で、まず、「皇室メンバーの訪中は一九七五年に天皇が訪中の機会があれば大変うれしいと公開の席で述べたことがあるが、日本側の事情で実現しなかった」と指摘し、天皇の訪中願望が日本側に無視されたことをほのめかした。さらに、「今後、時機が熟した時に、日本政府が皇室メンバーの訪中問題について明解な解決を見つけ出すものと信じている」と述べ、日本側が皇太子を訪中させる内外の環境を整えれば、中国側は基本的には天皇、皇太子を含む皇族の訪中を受け入れる考えがあることを示唆した。[57]

中国側のこうした言い回しは、皇族訪中について中国側が表面上は積極的に「要請」を行わないものの、日本側の環境が整えば受け入れの余地があるとの意向を示すものである。同時に、皇族訪中が実現できるかどうかを左右するカギは日本側であることを強調し、これまでの日本政府のあいまいな姿勢を問いただす構えも示した。また、中国側が「皇室メンバー」という表現、さらに、天皇の名前を挙げたことは、中国側が原則的には天皇の訪中を望んでいることを示したものと言われている。[58]

日本政府も中国と歩調を合わせた対応を行った。安倍外相は二〇日の閣議後の記者会見で、皇族の訪中を受け入れる考えをみせた中国外務省スポークスマンの発言について、「正式に招待を受けたわけではないが、中国としては天皇陛下のご名代としての皇太子殿下を歓迎する気持ちがあるのだと思う。公式ルートでの話ではないので具体的に検討していないが、ご訪韓後の検討課題になりうるのではないか」と述べた(59)。

以上のように、日中両政府間において天皇および皇太子訪中の発言が飛び交うなか、皇太子訪中について別ルートでのやりとりも行われていた。矢野絢也書記長を団長とする公明党訪中団は三月二三日、胡耀邦総書記と会談した際に、皇族の中国訪問について、中曽根首相の「天皇陛下の名代として皇太子の訪中」の意向を伝えた(60)。これに対して、胡総書記は「歓迎する、具体的な問題については外交ルートで話し合おう」と答えた。これは事実上日中両国の最高首脳が適当な時期に皇太子の訪中を実現させることで合意したことを示すものである(61)。この日の会談に同席した大久保副書記長は、帰国後に、「内容は明かせないが、皇室のどなたが、いつ、どういう形で中国に行かれるかについて、首相の考えと胡総書記の考えは完全にかみ合った。あとは外交ルートでつめるべきだ」と述べており、すでに両国最高首脳間で皇太子の訪中について最終的に合意されていた印象が強い(62)。

しかし、四月に入ると皇太子訪中問題をめぐる中曽根首相と安倍晋太郎外相との確執が表面化し、日本の国内環境が厳しくなった。一日の参院予算委で、中曽根は同問題について、「訪中する矢野公明党書記長に〝中国首脳と会ったら皇太子殿下の訪中は訪韓の次の課題と伝えてもらって結構〟といったので、この趣旨を胡耀邦総書記に伝えたのだろう」と答弁したのに対して、安倍は「首相が首相の立場を伝えたのだろうが、皇太子殿下の訪中は日中間でつめられている状況ではない」と述べ、外相の頭越しに話が進められたことへの不満を明らかにした。さらに、外務省首脳は「外務省は一切関知してない。(皇太子殿下の外国訪問を)政治的なからみでやると皇室外交の趣旨を阻害する」と皇室の政治的利用への懸念まで言明した(63)。その後、四月から七月にかけての四ヵ月間で、訪韓延期という結果以外、日中・日韓政府間における皇太子の訪中と訪韓問題に関する交渉の進捗報道は一切なかったのである(64)。

こうして、実現するかに見えた皇太子の訪中計画は、政府内部のあつれきと皇太子の訪韓計画が見送られたことによって、暗礁に乗り上げた(65)。

ただし、八月二九日、中国の姚依林副首相は、日本の報道各社の訪中記者団と会見し、皇族の訪中問題について「中国側として研究したことはないが、訪中の希望があるなら中国としては歓迎する」と述べた(66)。中国は、日本政府が「訪韓後の検討課題」としている皇太子の訪中問題について、日韓間で皇太子の訪韓が挫折したこの時点でも、皇太子の訪中をあきらめずに、日本側の対応を待つ姿勢を堅持していた。しかし、これ以降、中国側では皇太子訪中を含む皇族の訪中問題をめぐる動きはほとんど見られなくなった。

皇太子訪韓・訪中問題が正式に外交の場に浮上した三月以降、ソ連は二月二五日から三月六日にかけて行った第二七回共産党大会を経て、新思考外交を打ち出し、アジア外交に積極的に取り込むようになった。五月下旬訪ソした安倍外相との会談で、ゴルバチョフは「日本と他国との関係にかかわりなく、すべての方向での対日関係の発展および改善のためにあらゆる可能性を活用するという、原則的な政治的決定を採択した」と述べた。領土問題以外、両国関係において、よりよい雰囲気の創造を可能とする方針が実行されはじめたと言われている(67)。また、日ソ間で長い間くすぶっていたゴルバチョフの訪日にも進展が見られた。ゴルバチョフは七月二八日にウラジオストクで行った演説で、対日関係について、「日ソ関係好転の兆候が表れており、好転すればいいことだ」と日ソ関係の前進に意欲を示すとともに、「日ソ最高レベルでの相互訪問が日程に上っている」と中曽根首相の訪ソ、ゴルバチョフ書記長の訪日を、ソ連が今後の政治的日程に組み込んでいることを表明した(68)。八月一一日、訪ソ中の不破共産党委員長との会談で、ゴルバチョフは訪日問題に関し「(日本へ)行きたいと思っているだけでなく、行くことがどうしても必要だ」と語り、時期には触れなかったものの、訪日に強い意欲を示した(69)。二七日、来日中のカピッツァ・

ソ連外務次官は梁井外務審議官との会談で、ゴルバチョフの訪日問題について、「率直に言って訪日時期の決定はまだないが、近いうちに出来ると思う。ソ連としては訪問を重視し、真剣に準備している」と述べた(70)。このように、日ソ間では長年の懸案であるソ連首脳の訪日が目の前に控えていたのである。

他方、中ソ関係は「まだ全面的には好転していない現状と、その改善に向けてのソ連の働きかけの活発さ」があった。ソ連が領土争いで中国に譲歩したりなどしたが、「最も関心を持つ」ベトナム軍の撤退問題は回避されたままだった(71)。八月一三日、中国は「カンボジアからのベトナム軍の撤退問題は回避されている。中国はこの点で（ゴルバチョフ演説に）不満足である」と強調し、ソ連に対して公式に不満を示した(72)。

このようなアジアにおける国際情勢の変化のなか、日中間には六月に発生した第二次教科書問題と、七月から八月に続出した藤尾文相の問題発言など関係悪化をもたらしかねない懸案事項が生じていた。しかし、それにもかかわらず、先にふれたように、中国側が皇太子訪中を堅持していた。このような姿勢をめぐっては、靖国神社の公式参拝を見送った中曽根に対する「返礼」なのか、それとも、対ソ交渉のために強い日中関係を必要としたからなのかといった議論があるが、まだ決定的な資料や文献が見つかっていない。ともあれ、皇太子訪中問題は一一月の中曽根の訪中の際には、議題に上がることなく、また、一九八七年日中国交回復一五周年という節目の年にも話題にならなかった。

以上のように、皇太子の訪韓・訪中計画が挫折した要因の一つは、日本の中曽根政権の国際情勢に対する不適切な判断にあったと思われる。その典型例として、上述した外務省がソ連との対抗を念頭に置いて作成した「ゴルバチョフ政権と我が国の対応」という文書が挙げられる。しかし、その後のソ連の対日姿勢の転換によって、日本は対韓・対中関係強化の動機が軽減され、対ソ不信あるいは対ソ対抗の意図に基づいた皇太子の訪韓・訪中計画が考え直されなければならなくなったのである。また、アジア諸国、とりわけ中国・韓国との「歴史問題」という八〇年代日本のアジア外交が抱えた重要課題も深く関わっていた。第一次教科書問題、靖国神社公式参拝問題、第二次教科書問題などの動きが日本政治の右傾化と見られ、中韓はそれぞれの国内で反日キャンペーンを繰り広げ、対日批判を行った。このような情勢は、日本の皇族をスムーズに受け入れる環境が中韓両国にはまだ十分に整っていないことを意味していた。さらに、中国で、歴史問題は、「改革開放路線」をめぐる改革派と保守派の対立という中国指導部内の政争の具にされてもいた[73]。このような対立のなか、中曽根首相と親密な関係を持っていた胡耀邦総書記が、保守派から日本に肩入れしすぎると批判され[74]、翌一九八七年一月早々に解任された[75]。そのあとを継いだ改革派の趙紫陽首相は、鄧小平の指導の下、改革開放と西側への接近政策を継続した。しかし、「レーガン大統領との『ロン・ヤス』関係とは異なり、実質的な最高指導者ではない胡耀邦と中曽根との『首脳』交流によって構築した日中の『蜜月関係』は、中国の国内政治と連動して」[76]、転換を余儀なくされた。日中両国それぞれの事情によって、皇太子訪中問題も全く取り上げられなくなり、自然消滅してしまったのである。これによって、昭和時代の天皇（皇室）訪中の道が閉ざされた。

それから、二年後、天皇訪中問題に大きな影響を与える出来事が起こった。昭和天皇の死去、それに続く天皇の代替わりである。これについては次の章で詳しく検討したい。

おわりに

以上のように、一九七八年の鄧小平の訪日から八〇年代の中曽根政権期まで、天皇訪中あるいは天皇の名代としての皇太子の訪中は、何度か実現に向けての動きがあった。

まず言えることは、懸案の平和友好条約の締結のなかで、対ソ戦略に絡む反覇権条項をめぐる調整がなされ、ようやく天皇訪中問題が具体的な課題になったということである。そして七〇年代末から八〇年代にかけて、日中関係は基本的には良好だったが、昭和天皇と皇太子の訪中は、いずれも実現しなかった。

そこには日中双方の対ソ戦略が強く影響していた。八〇年代前半までは、ソ連に対する警戒を前提とした考え方が、ゴルバチョフ登場以後は、新たな対ソ戦略の模索ということが天皇及び皇太子の訪中問題を左右していった。天皇訪中問題において、八〇年代前半までは中国の積極的な天皇訪中の招請が中心であり、日本側は慎重な姿勢を崩さなかった。八〇年代後半には日本が一時的ではあるが、皇太子訪中を積極的に進める姿勢に転じたものの、今度は中国側が消極的な姿勢に転じたのである。いずれも日中双方の外交戦略、特に対ソ戦略が影を落としていた。

皇太子訪中計画の挫折、そして昭和天皇が高齢であることも加わり、天皇訪中への道は完全に閉ざされたかに思われた。天皇訪中問題の打開は代替わり以後を待たなければならなくなった。

第四章　ポスト冷戦と新天皇訪中の模索

皇太子訪中計画の挫折、そして昭和天皇の高齢によって、皇室の訪中の道は暫く閉ざされることになった。しかし、天皇の代替わりを経てまもなく、新天皇訪中の模索が日中間で始まった。

本章では、中曽根政権の後に成立した竹下政権期の日中関係とそのなかでの天皇訪中問題を取り上げる。この時期は、米ソ冷戦が終結し、ポスト冷戦へと移行する時期であり、日中それぞれの外交政策も当然その影響を受けた。また、昭和天皇の死去とそれに伴う代替わりもこの時期に起きた出来事だった。直接戦争責任とは関係のない新天皇の即位は、天皇訪中問題にも影響を与えた。昭和天皇の死去と代替わりをきっかけに、天皇訪中問題がどのように推移し、その結果、日中間でどのような「合意」にたどりついたのか、検討していくことにしよう。

第一節　竹下内閣誕生と日中関係の再構築

中曽根政権による皇太子訪中計画の挫折は、ソ連への抜きがたい警戒心を中核とする冷戦時代の東西対立構造をベースにした日本外交の限界を示したものだった。東西冷戦の緩和が進むなかで、日本外交は行き詰まりを見せていた。日中関係は光華寮裁判(1)などでギクシャクしながらも基本的には良好だったが、日ソ関係は膠着状態に陥り、日米関係でも通商問題が深刻化していた。日本外交は「西側の一員」という旗印だけでは対応できない国際状況が生じつつあった。

このような状況を打開するため、首相に就任した竹下は、自らの外交方針を「世界に貢献する日本」として、国際協力構想を打ち出した。(2) 一九八七年一一月二七日の所信表明で、「これからのわが国は『世界に貢献する日本』との姿勢を確立し、日本の豊かさと活力を世界にいかしていかなければならない」と述べて、「日本の豊かさ」という経済力をテコに、国際社会全体における日本の役割拡大への意欲を表明した。(3)

また竹下は、一九八八年一月二五日の施政方針演説で、「わが国が西側の一員であり、また同時にアジア・太平洋地域の一国であるとの基本的立場を踏まえた外交を展開していく所存であります」と述べて、「西側の一員」を重視しながらも、日米同盟を拡大させようという外交路線に対する抑制を言明した。日中関係については、「中国との間で良好かつ長期安定的な関係を維持・発展させることは、わが国外交の主要な柱の一つであり、政府は、引き続き日中共同声明等両国間の諸原則を踏まえ、友好関係の一層の強化を図ってまいります」と対中重視を強調し、「特に、本年は日中平和友好条約締結一〇周年を迎える年であり、両国首脳間の対話を実現し、相互理解、相互信頼の増進を図る所存であります」と日中平和友好条約締結一〇周年を契機に、年内訪中を行い、それをテコに両国関係を修復する意欲を滲ませた。(4)

もとより竹下は、一九七二年に日中国交正常化を断行した田中元首相の派閥を実質的に継承しており、彼の派閥も中国との密接な関係を持っていた。(5) 中国側も竹下政権に期待を寄せていた。こうして竹下の対中積極外交の考えは実行に移された。

政権発足直後の一九八七年一一月一九日、中島敏次郎駐中国大使は、趙紫陽総書記兼首相を訪ね、趙の訪日を望んでいることなどを内容とする趙本人及び鄧小平党軍事委主席にあてた竹下首相の親書を手渡した。趙は即座に「竹下首相が訪中の意向を持っていることは承知している。この機会に私は中国政府を代表して、竹下首相が来年、中国を訪問されるよう正式に招待します」と述べて、正式に竹下の訪中を要請した[6]。

このように、中国側もまた竹下政権の働きかけに積極的に応じた。翌一九八八年三月、李鵬首相代行は第七期全国人民代表大会第一回会議の政府活動報告において、日中間で生じた問題の責任が日本側にあると不満を暗示しながらも、日中関係のさらなる発展に前向きの姿勢を示した[7]。

一九八八年に入り、日中間は日中平和友好条約が締結されて一〇年目を迎えることになった。この間、政治面では一九八二年の第一次教科書問題、一九八五年の靖国神社公式参拝、一九八六年の第二次教科書問題、一九八七年の光華寮問題と奥野発言問題などいくつかの問題が続出していたが、経済面では両国の貿易額は約三倍に拡大し、人的交流も年々増加の傾向にあり、両国関係は概ね良好に推移していた。

このような状況のなか、竹下は一九八八年八月二五日から五日間、首相に就任して初めて中国を公式訪問した。訪問の目的は、「日中友好関係再構築[8]」、「新たなる飛躍をめざして[9]」「新時代を確立[10]」といった竹下の発言で示されたように、新しい日中関係を築くためである。中国側も新たな日中関係に期待していた。竹下の訪問中、楊尚昆国家主席は、日中関係は過去より「未来に着目しなければならない」との姿勢をみせた。最高指導者の鄧小平は「あなた（竹下：筆者）が首相になって中日友好関係が新段階にまい進できると思う。これは共通の認識と信じる」とまで言い切った[11]。こうして、両国は「日中新時代」の幕開けともいうべき段階に向けて協力を約束した。

しかし、なぜ、それまで良好だった日中関係に歴史の新たな一頁を開かなければならなかったのだろうか。日中双方はこの歴史の新たな一頁に何を書こうと考えていたのだろうか。

その答えは日中関係が「『政治の時代』から『経済の時代』に」入ったと報じた記事[12]に隠されていると思われる。つまり、「政治の時代」とは、対ソ政策を重視した「米中日提携」関係を指し、「経済の時代」とは、大幅な増額をした対中円借款などによって拡大しつつある日中経済関係を指すだろう。国際政治の舞台で緊張緩和が着実に進んでいるなか、日中それぞれの外交路線の転換によって、ソ連要因に規定されて展開してきた関係は実務的な外交を主流とする新たな日中関係へと変化しつつあった。

中ソ関係の正常化の進展がこのような転換を促した。それは竹下訪中の直前に大きな進展を見せた。八月一六日、趙紫陽は、共同通信社社長との会見で、中ソ間では首脳会談に向けて関係正常化が急進展していることを明らかにした(13)。また、中島大使は二二日、改善の兆しをみせている中ソ関係について「（正常化に向け：筆者）速いテンポで進展するのではないか」との見通しを示した(14)。

以上のように、米ソ対立、そして中ソ対立といった、一九八〇年代の日本外交が与件としてきた国際政治環境は、すでに瓦解寸前になっていたのである。このような国際情勢の変動を背景に、八月二五日の首脳会談が行われたが、竹下はソ連について、その「新思考外交」の実行性への不信を表明し、ソ連に対する警戒的な姿勢を示した。これに対して李鵬は、世界情勢が緊張緩和の方向に向かいつつあることを歓迎しながらも、竹下の対ソ不信に同調するとともに、北方領土問題で中国が日本を一貫して支持する姿勢を示した。しかし、その一方李は、中ソ正常化の問題がすでに日程に上っており、今後の展望を明らかにした。その際、中ソ関係が正常化したとしても、一九五〇年代のような同盟関係に戻ることはないと言い添えた(15)。

帰国前の二九日に竹下は、「新たなる飛躍をめざして」と題する講演のなかで、「二十一世紀に向けて新たな飛躍へのスタートを切るべき時にきていると確信する」と日中関係の再構築の必要性を訴え、「日中関係は両国の利益のみで完結されるには余りにも重要であるといわなければならない」と、国際情勢に左右されない日中間のみでの実務的な協力関係の重要性を強調した。また、「貴国の『改革と開放』の政策は、世界各国でも歓迎されている。日本はじめ近隣諸国との関係の安定強化、並びにアジア・太平洋地域ひいては世界の平和と繁栄にとって重要な意味を持っているからだ。貴国指導者が現行の政策を堅持し、今後更に加速する旨明言していることは喜ばしい」として、「改革開放」政策の継続を中国に求めた。さらに「日中関係を将来に向けてさらに揺るぎないものにするためにも、各分野にわたって調和のとれた関係の発展をはかることが必要だ」と主張し、政治・経済にとどまらない幅の広い日中関係の再構築の必要性を強調した(16)。

こうして、冷戦時代の日中提携によりソ連と対抗する必要性が遠ざかっていくなか、竹下訪中を通して、経済大国となった日本は経済力をテコに、強固な日中関係の再構築に踏み込んだのである(17)。日中間では、両国関係を冷戦期の「対ソの提携」という政治的な枠組みから脱却させ、国際情勢（特に、来る中ソ関係の正常化）に左右されない、安定的な両国のみの協力関係の再構築への合意が達成された。冷戦によって長く維持されてきた「特殊関係」としての日中関係が、二一世紀に向けて脱冷戦的な「普通の付き合い」に転換し始めた。そして、これまで天皇訪中問題における主な阻害要因であった対ソ配慮が消えていったことによって、同問題は日中間のみで検討できるようになったのである(18)。

強固な新日中関係を「名実」ともに構築するため、これまで「相互の思惑や歴史認識などの違いに基づくあつれき」を解消するため、日中の歴史的な和解を象徴する節目として、天皇訪中の模索が新たな日中関係の展開とともに日中間で開始されるはずであった。

ところが、このような時期に、昭和天皇の死去とそれに続く天皇の代替わりという出来事が起こった。

第二節　昭和天皇死去と中国側の反応

一九八八年八月に訪中した竹下首相が八一〇〇億円に上る第三次円借款を中国側と約束するなど、一九九〇年代には日本と中国との「普通関係」はますます密接になっていくことが確実視されるまでになっていた[19]。しかし、それまで良好に維持されてきた日中関係が変化するきっかけが一九八九年に訪れた。

一九八九年一月の昭和天皇の死去は、日本の天皇制のあり方に大きな変化をもたらすだけではなく、天皇訪中問題にも大きな影響を与えることになった。第三章で説明したように、天皇訪中問題は天皇の戦争責任問題とも関連するものである。しかし、昭和天皇が八九年一月に死去し、皇太子明仁が即位したことによって、戦争責任問題と直接かかわりのあった昭和天皇の訪中は実現不可能となった。そして、天皇訪中問題に関して、新天皇をどう位置づけ、どう対処していくのかという新たな問題が、代替わりによって日中間に登場することになった。

昭和天皇の死去は、近代天皇制国家の戦争責任と、それが果たされずに放置されてきたことに対する現代日本社会の責任に関する議論を活発化させた。これら活発な論議の中で、『人民日報』はどのような報道を行ったのだろうか。

七日の昭和天皇の死去について、翌日の『人民日報』は、一面で天皇の死去と皇太子の即位を伝えた。「裕仁天皇は、戦前、日本を統治する〝現人神〟で、彼の在位期間中に、日本は対中侵略戦争と太平洋戦争を起こした。戦後は憲法の定める〝国家と国民の統合の象徴〟である」と、侵略戦争と天皇の関係に言及したものの、最小限の表現に止めるものだった。また、新天皇に関しては、新元号「平成」の出典について記載しているにすぎない。むしろ、外交部スポークスマンによる「中日国交正常化以降、裕仁天皇が何度も訪日した中国の要人と会見し、あの一時期の不幸な歴史に反省を示し、中日両国間の長期的な善隣関係の発展を希望し、また関心を寄せていた」というコメントを伝え、昭和天皇の戦争への反省や日中関係への関心について高い評価を与えていた[20]。

このように『人民日報』の報道は、アメリカや韓国の報道に比べると抑制的であり、昭和天皇に対して好意的でさえあった。

例えば、米ニューヨーク・タイムズ紙は「天皇は軍国主義政治家に対し〝消極的な黙認〟を与えた」と厳しく批判している[21]。一方、韓国の報道に特徴的なのは新天皇に対する期待の高さであった。すなわち、「スポーツ万能、英語実力抜群」と伝えるとともに、「皇室の民主化に努めている」、「民間から、美智子新皇后を選んだことや、三人の子どもを手元において育てたこと、弁当も美智子皇后の〝手作り〟だったこと」など新天皇について詳しく報じ[22]、「未来指向的な寛容が、韓日関係の過去を実質的に清算する出発点にならねばならない」、「九〇年代以後の新時代を開くアキヒト天皇を歓迎する」と天皇の「代替わり」をきっかけに、未来指向の日韓関係の構築に向けての新天皇に対する期待を示した[23]。

しかし、アメリカや韓国に比べて、中国側の抑制的かつ好意的な姿勢は、すぐに変化することになった。そのきっかけとなったのが、竹下「謹話」とその後の政府関係者の発言であった。

昭和天皇の死去に伴い、天皇に関する首相談話として、一月七日午前の臨時閣議で「謹話」が決定、公表された。そのなかには、第二次世界大戦について「お心ならずも勃発した先の大戦」との表現で天皇の戦争責任を否定するような内容が含まれていた[24]。竹下首相が公表した「謹話」は首相の個人的な話ではなく、内閣の公式見解としての性質を有することから、中国側は、この「謹話」の内容を問題視した。

中国の反発は、弔問に派遣する代表のレベルや、弔問に関する記事の扱い方に現れた。弔問について言えば、派遣された政府の代表が、五人の中央政治局常務委員のうち党内のランキング第五位の姚依林副首相となり、さらに、記帳も肩書や哀悼の言葉抜きの簡単なものとなった[25]。一方、九日付の『人民日報』は一面でこれを報じたが、昭和天皇によってなされた不幸な歴史についての反省の表明や日中関係への関心など、それまでの好意的な論評は影を潜めた。そして、「国務院副総理姚依林、全国人大常委会副委員長阿沛・阿旺晋美、全国政協副主席程思遠が日本国駐中国大使館を訪れ、昭和天皇の死去を弔った。〔中略〕姚依林が現場にいる日本の大使に頼んで、日本政府、国民および裕仁天皇の家族に哀悼の意をお伝えください」など弔問に関して極めて事務的な記載しか行わなかった[26]。このような論評抜きの記事は『人民日報』における外国の国王や女王の弔問記事と比較すると極めて異例なものであった。

小渕官房長官は一〇日の記者会見で「謹話は内閣で決定したが、その部分はいわゆる戦争責任論を念頭においたものではない」と述べ、「謹話」と天皇の戦争責任問題の関連性を否定した[27]。「謹話」問題に関する官房長官の発言によっても、日本政府の天皇死去に関する姿勢を問題視する『人民日報』の批判的立場は変わらなかった。この時、『人民日報』がとった方法は、韓国及び日本国内からの天皇批判の声を紹介することであった。『人民日報』は韓国のマスコミと日本の野党の動向を有力な批判の材料として、積極的に取り上げた。

例えば、一一日付の『人民日報』は、「日本による三六年間の朝鮮占領　天皇が遺憾の意を表すことなく　南朝鮮の世論は盧泰愚が裕仁の葬儀に参列することに反対」という見出しで、韓国における天皇批判の世論を国際面で報じた。この記事はピョンヤン発の新華社電を転載したものであった。韓国の報道を引用する形[28]で、「南朝鮮のマスコミは、日本の亡き天皇裕仁が、第二次世界大戦の中で日本による朝鮮人民に対する残酷な蹂躪と殺戮において、主要な責任を負う。盧泰愚大統領が裕仁の葬儀に参列するのを断固として反対する」と昭和天皇の戦争責任に対する韓国マスコミの厳しい対応を紹介した。そして、「南朝鮮の人民は裕仁の死去に哀悼の意を表したくない。彼が犯した歴史的な過ちが彼の生きている間に解決されていないからである」と、天皇の戦争責任が依然として未解決であると主張するソウルラジオ放送局の評論も紹介している[29]。

さらに『人民日報』は、普段ほとんど取り上げることのない日本の野党の動向についても、積極的に取り上げた。例えば、社会党の土井たか子委員長が一八日午後、日本記者クラブの講演で、昭和天皇に戦争責任があるとの認識を明確に示したことについて、国際面において二段式見出しで報じた[30]。

「謹話」問題は、二月の国会審議にまで尾を引いた。二月一四日の衆院本会議と、翌日の参院予算委員会での竹下首相の答弁が天皇の戦争責任問題について触れたからである。

『人民日報』は、竹下首相による二月一四日の衆院本会議での「大戦の宣戦布告は国務大臣の輔弼によって行われた。侵略戦争であったかどうかは、後世の史家が評価すべき問題だ」という答弁と、一五日の参院予算委員会での天皇の戦争責任について「旧憲法下で天皇は統治権の総らん者であられたものの、憲法上の慣行として国務大臣ら補佐機関の決定を拒否されたことはない。平和を祈念して戦争回避の努力をされ、終戦の英断をされたことは良く知られている」という答弁を取り上げた。竹下の答弁について、「竹下は逃げ口上を使った」（一六日）、「竹下は昭和天皇の戦争責任をまぬがれさせた」（一七日）と厳しい姿勢を示した。また、一六日の記事では、昭和天皇の戦争責任は国内・国際法上ないという味村治内閣法制局長官の見解を伝え、「これは日本政府が昭和天皇に戦争責任はないと初めて表明した」ものと指摘した[31]。

一七日付の『人民日報』の一面には、「中国とアジア人民に深刻な災難をもたらしたあの侵略戦争と戦争の責任は歴史事実で、誰も変えることができない」との中国外務省スポークスマンの発言も掲載された[32]。さらに、二一日付の『人民日報』は一面で、上述した竹下首相の答弁について、二〇日の第七期全国人民代表大会常務委員会第六回会議における常務委員で著名な歴史学者の劉大年の発言を取り上げた。「日本当局はなぜ対中侵略戦争の性質の問題で後退したのか」と見出しに掲げ、劉の発言を紹介している。劉は日中戦争と昭和天皇の関係について「戦争中の各次の御前会議と当事者の記録ははっきりとして」おり、「重要な時には、いずれも御前会議で決定を下している。この一点だけを見ても、裕仁天皇に戦争責任があったか否かは十分証明できる」と指摘し、「中国に対する戦争が日本軍国主義による侵略戦争であったことは争いようがない」と強調した。そして、「中曽根元首相はあの戦争の性質が侵略戦争であると正式的かつ明確的に示したが、〔中略〕日本の当局は、日本が第二次世界大戦における行為は必ずしも侵略戦争ではないと立て続けに示した。戦争の性質について逆行した動きが一体なぜ起こったのだろうか」と日本を強く牽制した(33)。

以上のように、昭和天皇死去に関しての「謹話」問題をきっかけに、日本政府の戦争認識とそれに結びついた天皇の戦争責任問題に対して、中国側は強い関心を示し、批判的な姿勢を強めていったのである。

このような流れのなか、二月二四日に昭和天皇の「大喪の礼」が行われた。アメリカのブッシュ大統領をはじめ、各国の元首級や首相級の使節が参列した。しかし、中国は国際慣例に逆らって、格下の銭其琛外相を「特使」として送り込んだ。これは、一九八〇年七月、自民党・政府合同の大平正芳首相の葬儀に中国の元首に匹敵する党主席と中央軍事委員会主席と首相を兼任した華国鋒がわざわざ参列したことと著しい対照をなしている(34)。

「大喪の礼」についての『人民日報』の取り扱いも極めて小さかった。二五日付の『人民日報』は、一面の右下で天皇の「大喪の礼」を小さく報じたに過ぎなかった。特に注目すべきは、「裕仁」と呼び捨ての呼称が用いられたことだった。一九七二年の日中国交正常化以降の昭和天皇に関する記事の中で、見出しに呼び捨ての「裕仁」が使用されたのは、これが唯一である(35)。

このように、中国側の厳しい姿勢が続いたが、批判の対象はもっぱら日本政府に向けられ、天皇自身を批判することは、慎重に回避されていた。また、批判記事の多くは具体的な論評を伴うものでもなかった。中国側は、日本政府に対して厳しい姿勢を示しながらも、両国の関係が悪化することを望んでいたわけでもなかった。

二五日付の天皇「呼び捨て」記事と同じ紙面には、「竹下登が銭其琛と会見　銭外相が、適切に歴史に対処して初めて中日友好が続けられると強調した」との記事が掲載された(36)。銭外相は二四日の会談で竹下首相に直接、国会答弁への不快感を表明し、同日宇野外相との会談でもこの問題に触れた。『人民日報』は、首相の戦争責任問題での国会答弁について、「今国会における竹下首相の答弁の真意が十分に伝わらなかったことは残念だが、首相の過去の戦争に対する認識は、これまでも国会で明らかにされてきたところであり、その認識が変化したとか後退したとかいうことは一切ない」という宇野外相の説明を紹介している。しかし、同紙は宇野の説明に含まれていた「日本としては、本件にかかわる中国政府の抑制的な姿勢を評価しており、今後とも日中共同声明、日中平和友好条約、日中関係四原則に従って、中国との友好協力関係を発展させていきたい」という部分は記事に盛り込まなかった。(37)日本との間の対話の糸口を確保しながらもまだ批判的な姿勢を崩したわけではなかったのである。

以上のように、中国は、天皇の戦争責任を否定するような内容が含まれていた首相を含む政治家の発言に断固として反発した。こうした反発は天皇訪中問題に関連する歴史問題に起因するものであり、その後の日中間の歴史問題をめぐる軋轢の端緒を開いたものでもある。しかし、一九七八年に鄧小平が昭和天皇に対して歴史問題について「過ぎたことは追究しない」姿勢を示した後の中国の対日外交の枠組みを大きく逸脱するものではなかった。

第三節　李鵬訪日と新天皇訪中招請

中国の日本政府に対する反発は日中間の友好関係に大きな影響を与えることなく、その後の李鵬首相の訪日によって、収束を迎えた。より実務的な「成熟した関係」に転換しようという模索は引き続き行われていた。

竹下訪中の際に行われた首脳会談で決められた李鵬の訪日は、その模索の中の重要な一環である。中ソ関係の正常化を目的とする中ソ首脳会談を控えていた中国にとって、李鵬の訪日は単なる表敬訪問ではなかった。円借款を含む経済支援という中国にとって重要な経済問題とセットになっていたのである。中国側は戦争責任問題などで対日警戒と批判を繰り返しながらも、関係改善、特に経済関係の強化を図ろうとしていた。

訪日直前の三月二〇日、第七期全国人民代表大会の第二回会議で李鵬は、「我々は経済運営の指導上に物足らぬ点と誤りがあった」と〝自己批判〟した(38)。この時期は中国が、社会の安定と改革への民衆の信頼を揺るがした建国以来最悪という激しいインフレの中にあり、改革にともなって広がる役人の腐敗と官僚主義など様々な社会問題も表面化していた。前年に首相に選ばれたばかりの李鵬首相にとって最大の試練の時期だった。

こうした重荷を背負って訪日した李鵬の最大の目的は、日本に対して中国への投資を促すセールスマンになることだったと言われている(39)。靖国神社公式参拝問題、教科書問題などといった政治的摩擦が首脳会談のたびに焦点となってきた従来の日中関係と異なり、より実務的な「成熟した関係」への転換が図られたのである(40)。李と竹下との首脳会談で、日本との協力関係の強化を要望した中国側の姿勢に応じて、日本側は「引き続き協力する」と竹下が表明し、日本として最大限の協力を約束した(41)。

こうして、竹下の訪中とそれに続く李鵬の訪日によって達成された日中の合意のなかで、天皇訪中問題が再び浮上した。訪日一ヵ月前の三月一三日、『毎日新聞』は「中国の李鵬首相が来月一二日公賓として訪日するが、その際、中国側が新天皇の訪中を要請する見通しが強まった」と報じた(42)。また、中島大使は二五日、『朝日新聞』のインタビューに対し、四月に李鵬首相が訪日した際、天皇、皇后の中国訪問について日本側に正式な招請が行われるかどうかに関して「そういう問題はあり得ると推測するに難くない」と、慎重な言い回しながら、その可能性が高いことを認めた(43)。その後、訪日した李鵬首相は、四月一三日午前に天皇と会見した際、天皇に直接訪中を招請した。会見後、日本政府は天皇訪中について、「新しい皇室外交を積極的に展開していくため、韓国訪問問題と併せて本格的な準備作業に入ること」を決めた(44)。また、「竹下首相は記者団に『天皇、皇后両陛下のご訪中については、今後、しかるべき時に検討を開始すべき課題と考える』と述べて積極姿勢を見せ、外務省首脳も訪中時期について、昭和天皇の服喪期間が明ける来年一月以降で、『即位の礼のあとになるだろう』との見通しを明らかにした」。さらに、「同首脳は『準備はこれから始める』として時期も含めて具体的な検討に着手する方針を明らかにした(45)」。

事前に行った中国側の新天皇の訪中招請の見通しに関するこれらの報道は、一九八〇年の華国鋒訪日前に「天皇訪中について言及しないよう」と極秘公電で事前に申し入れたことと著しい対照をなしている。さらに、日本政府の迅速な対応からみれば、中国側が要望した対日協力関係と日本側が重視した対中関与政策が符合したことを背景に、日中双方は、新天皇の訪中について、水面下で相当な作業を行っていたと言える。

李鵬首相は一四日午後の記者会見で、天皇との会見の内容を明らかにした。天皇が、日中戦争について、「近代において不幸な歴史があったことに遺憾の意を表します」との表現で、初めて中国に陳謝し、李鵬首相がこれを受けて、「歴史を振り返ってみることは、よりよく未来を展望することになる」と、将来に目を転じる姿勢を強調した。これは天皇の率直な訪中希望発言の呼び水となったと言われている(46)。また、天皇の訪中を招請した際のやり取りについていえば、李鵬首相が中国の文化に大変興味を示した天皇に「中国には多くの見るべき名所があり、ご都合のよいときおいでになって、それをご覧ください」と招請の意を伝えたという(47)。天皇が李鵬首相の誘いに、「ありがとう。そういうことは政府と相談しなければなりませんので」と答え、「日本と中国は関係が深いから、ぜひ一度行ってみたい」と自身の希望を率直に表明した(48)。

さらに、李鵬首相は同会見で、竹下首相が二月に国会で侵略戦争について発言し、中国国内で反発を招いた問題について、今回の日中首脳会談で外交的に決着したとの認識を示した。こうして、日中間で折にふれて表面化する歴史認識をめぐる問題は、ひとまず落着した(49)。

中国側は、昭和天皇の死去後の戦争責任問題をめぐるぎくしゃくした日中関係を必要以上に深刻化させるのは得策とは考えていなかった。それは、李鵬首相訪日を成功させるためであり、李鵬首相訪日の成功は改革開放政策による中国近代化路線のもとでの日中協力の深化についての日中間の相互確認を意味していたからである。

李鵬による新天皇への訪中招請は、こうした日中間の協力関係を樹立しようという両国の外交戦略のなかで行われたものであった。日中双方は戦争責任を直接負っていない新天皇の訪中によって両国関係が新しい時代に入ることを期待していたに違いない。

しかし、李鵬の訪日時、日本の国内政治は急激に変化しつつあった。訪日一ヵ月前の一九八九年三月の時点で、リクルート事件や消費税導入により竹下内閣の支持率が急落し、「竹下退陣説」が流れるなど、竹下はすでに窮地に立たされていた。(50) その後、野党だけでなく与党・政権内からも退陣を求める動きが続々と起きた。(51) 李鵬訪日前日の四月一一日には、竹下が衆院予算委員会で自らのリクルート社関連で受けた資金提供の概要を公表し、その上で「私自身の個人的関連を含め政治的、道義的責任を痛感している」と語り、捨て身の釈明を行った。(52) 訪日が終わった一週間あまり後の二五日、竹下は退陣の意思を表明した。(53) つまり、李鵬訪日は竹下政権の崩壊寸前に行われたものであった。このような政権の崩壊寸前という状況のなかで、竹下政権は「天皇訪中、早期実現へ」という時期も含めて具体的な検討に着手する方針を打ち出したのであった。

苦しい立場に置かれた竹下からすれば、新天皇の訪中は早い段階で「既定の約束」にすることが得策と考えられたのかもしれない。この「既定の約束」がすでに竹下訪中の時に行われていたかどうかは不明であり、今後外交記録の公開を待つしかない。

竹下の退陣の意思が表明された二週間後の五月七日に行われた日中外相会談で、その後首相となった宇野外相は竹下首相の後継者問題について、「次は伊東さんしかいないと思う」と述べた。(54) 伊東正義は自民党総務会長でありながらも、日中友好議員連盟の会長でもあり、中国側から「古い友人」と呼ばれている人物だった。外交の場で内政の見通しにかかわる発言を行うことは極めて異例なことである。この発言を通して、首相が交代しても、日本の対中重視の姿勢に全く変化がないという趣旨を中国側に伝えようとしたのではないのだろうか。

また、中ソ首脳会談を直後に控え、日中間の対話を深めるのを目的とした日中外相会談では、ソ連に関する対話も行われた。「銭外相は『先に李鵬首相が竹下首相に述べた通り、中ソ正常化は中日関係に何らの影響を与えるものではない』と改めて強調した。宇野外相は、訪ソした時にゴルバチョフ書記長らに対し北方領土問題の解決を主張したことなどを説明した」[55]。冷戦崩壊前夜になっても、これまで日中関係を規定してきたソ連要因がまだ根深く残っていたとも言える。

しかし、日本の政権交代も中ソ関係の正常化も、かつてのように天皇訪中問題を大きく揺るがすものではなくなっていた。李鵬訪日による新天皇訪中の招請は、「平成流」の皇室外交の本格的なスタートとなるはずであった[56]。しかし、その矢先に、天安門事件が勃発し、天皇訪中の話は立ち消えになった。

おわりに

以上、竹下政権期の天皇訪中に関する動きを中心に見てきたが、次のようなことが明らかになった。

竹下政権が成立した時期は、米ソ冷戦の時代の終焉の時期と重なっていた。そのため、日中間の外交に大きな影響を与えてきたソ連要因が後退し、天皇訪中を前向きに進める環境が基本的には整っていた。

また、皇太子明仁の即位は、侵略責任を担う当事者であった昭和天皇から直接戦争責任と関係ない新天皇への交替を意味し、中国からすればその分だけ訪中を招請しやすくなった。その点でも天皇訪中実現に向けてのプラス要因となった。しかし、昭和天皇の死去に関する首相「謹話」が中国を刺激し、日本政府への批判や天皇の代替わり儀式に対する冷たい対応を引き起こした。ただし、中国側の批判はもっぱら日本政府に向けられ、天皇個人への批判は慎重に回避された。そして、李鵬訪日は、一時的にギクシャクした日中関係を修復し、天皇訪中についての基本的な合意がなされたのである。

第五章　天皇訪中の実現

前章で論じたように、李鵬首相の訪日により、日中間で天皇訪中に関する合意が成立した。しかし、その後、一九八九年六月に勃発した天安門事件により、天皇訪中は、西側の冷たい視線のなかで、円借款とともに凍結された。

本章では、天安門事件勃発以後、天皇の訪中実現に至るまで、天皇訪中問題をめぐる日中間の攻防の経緯を明らかにする。まず、中国側の天皇の戦争責任報道の展開とその背景を検討する。次に、「即位の礼」以後、天皇訪中の実現までの日中間のやりとりを明らかにする。最後に、訪中した天皇の「お言葉」問題を検討する。

第一節　天安門事件への対応

（一）新天皇に関する報道とその期待

第四章で分析したように、昭和天皇の死去当時、『人民日報』は新天皇に関してほとんど記載せず、その関心の低さは韓国の報道と対照的だった。天安門事件後の中国側の天皇問題の扱いは、新天皇に関する報道の変化となって現れることになるが、その背景には日中間の経済問題である円借款問題が影響していた。

天安門事件により、欧米諸国は、基本的人権を擁護する民主主義および市場経済主義の立場から、対中制裁措置を断行した。欧米諸国の強硬姿勢を受け、日本は対中近代化支援というこれまでの政策方針をしばらく中止せざるをえないと判断した(1)。この判断に基づき、日本外務省は六月二〇日に、第三次円借款について、西側諸国の対中制裁に足並みをそろえる形で、中国情勢の収束を見極めるまで停止するとし、事実上凍結する方針を固めた(2)。国際的な孤立を強いられた中国は局面を打開するため、日本に大きな期待を寄せていた。中国側は訪中した日本の政治家や経済人に対して、円借款凍結解除を求める意思を繰り返し表明した。日本国内でも、凍結や延期で中国を「窮鼠」の状態に追い込むべきではないとの意見も出ていた(3)。だが日米関係などへの配慮から、なかなか凍結解除の方向へ向かうことはできなかった。人権に無関心な日本というイメージを醸成することになるのではないかとの懸念が存在する以上、日中関係における劇的な改善は難しかったのである(4)。

こうした状況のなかで、新天皇に関する報道が始まった。『人民日報』は、六月三〇日と七月九日、天皇の代替わりに関するニュースとして、即位に伴い、新天皇に相続税が課せられることを報じた(5)。神格化された天皇ではなく、普通に相続税を課せられる人間的な側面に着目したのかもしれない。

これらの記事が出た頃、対中制裁問題についての新たな動きも始まりつつあった。

七月一一日付の『人民日報』は一面で、宇野首相が一四日に開かれるアルシュ・サミットを前に、三名の元首相(中曽根、竹下、鈴木)と意見交換を行い、四人とも対中制裁に反対する態度だったことを積極的に報じた(6)。中国側は天安門事件による対中制裁の解除について、日本側の善処を期待していたのである。

このような期待の中、八月四日、皇居で行われた天皇、皇后と内外記者団との即位後初めての公式記者会見が行われた。翌日の『人民日報』は、会見で天皇が中国訪問に関して行った発言について、「私の外国訪問は政府が決めることですが、そのような機会があれば、理解と親善関係の増進に努めて、意義あるようにしたいと思っております」と答えた内容をそのまま報じた。中国が一番神経を尖らせていた昭和天皇の戦争責任問題については、天皇は踏み込んだ発言を避けたが、戦争責任も含め「言論の自由の確保は民主主義の基礎」との認識を示したということも論評抜きで報じた。[7]

このような新天皇に対する融和的な姿勢の背景には、天安門事件以後の国際的な孤立化から脱出したいという中国側の思惑が働いていたと思われる。

(二) 天皇批判報道の展開

しかし、日本はこの時点で、対中制裁の解除に慎重な姿勢を崩そうとはしなかった。八月七日、大洪水の被害に見舞われている中国に対して、日本政府は緊急援助の供与を決めた。ただし、これについては、外務省幹部が「あくまでも人道上の立場からの措置であり、新規ＯＤＡ供与再開問題とは全く切り離して考えている」と表明した。[8]

このような対中姿勢に対して、『人民日報』は、天皇の戦争責任問題に再び厳しい姿勢を示し始めた。八月一四日付の『人民日報』は、長崎市の本島等市長が一二日、同市平和会館で行った「日韓学生フォーラム」での発言を大きく報じた。半年前、本島市長が初めて市議会で「天皇の戦争責任はある」と答弁を行い、日本で大きなニュースになった時には、[9]『人民日報』は大きく取り上げてはいなかった。ところが、八月一四日の報道は際立った対照を示していた。「彼（本島等：筆者）は『戦争、植民地政策はすべて天皇の名でやり、戦争は天皇ひとりの名で継続し、天皇ひとりの名で終わったことが事実である』と述べた」と報じたのである。記事の最後に、「本島等は、去年一二月に市議会で、〝天皇に戦争責任はある〟と発言した後、何度も脅迫や恐喝を受けた」と反天皇（制）に厳しい日本の社会風潮を強調する内容で締めくくった。[10]なお、同記事はフォーラムで「天皇制の継続はアジア諸国の不安を高めていないか」との質問に対し、市長は「かつてのような天皇制を主張する人は一部で、現憲法の象徴としての天皇と理解している人が大多数。軍国主義が復活することは考えられない」と答えたことには触れなかった[11]。

一九九〇年に入ってからも、中国は天皇の戦争責任問題への厳しい姿勢を示し続けた。『人民日報』としては異例のことであるが、普段は取り上げない日本のキリスト教や市民団体の動きも積極的に取り上げた。

例えば、一月九日付の『人民日報』は、昭和天皇の一周年祭が行われた一月七日に、少数の東京市民や宗教団体などによる天皇制反対を訴える集会やデモを取り上げ、その様子を報じた。さらに、東京のキリスト教団体が行った「天皇の戦争責任を永遠に覚えておく討論会[12]」を取り上げもした[13]。

このような天皇に対する批判的姿勢は、盧泰愚韓国大統領の訪日報道からも読み取れる。一九九〇年五月二四日、盧泰愚韓国大統領夫妻が国賓として訪日した。注目された明仁天皇の「お言葉」について、韓国の崔外相が、「日本側として盧大統領を丁重に迎える姿勢から慎重に検討協議した結果として評価する。一九八四年（の全斗煥前大統領訪日時の昭和天皇の発言）当時よりは前進している[14]」と述べ、肯定的評価を行った。

しかし、二六日付の『人民日報』は、明仁天皇の「お言葉」は南朝鮮（韓国：筆者）側が侵略に対する天皇の「謝罪」を求め、両国で交渉を重ねた結果だと報じた。また、加害者として「主語」を明らかにしたうえで、おわびの気持ちを示した明仁天皇の発言については一切言及しなかった。さらに、記事の最後で、「一九八四年の全斗煥前大統領の訪日時、昭和天皇の〝不幸な過去〟に〝遺憾〟との発言が、かつて、全ての朝鮮人民とアジア太平洋諸国に強烈な不満を引き起こした[15]」と報じ、明仁天皇の発言を強く牽制した。

引き続き、六月七日付の『人民日報』は、北朝鮮外交部スポークスマンの声明を取り上げて、「該スポークスマンは朝鮮政府及び全体の朝鮮人民を代表して、南朝鮮（韓国：筆者）の大統領が最近訪日した際に、明仁天皇が日本による朝鮮侵略の歴史に遺憾の意を表明したことに対して、日本当局が日本による朝鮮侵略の歴史に遺憾の意を表明したことを承認しないし、それが無効であると宣言した[16]」と伝え、北朝鮮の論調を借りて、明仁天皇の発言を改めて強く牽制した。

このように、『人民日報』は天皇の戦争責任問題について、日本の政治家の発言や市民活動、盧大統領訪日についての北朝鮮の反応などを報じるという代弁的な形ではあるが、厳しい立場を継続していた。これらの記事の背景には、中国が日本の対中経済制裁での慎重な姿勢に対する不満があったと考えられる。

しかし、こうした状況に変化をもたらす動きがすでに始まっていた。実は、スコウクロフト米大統領補佐官が天安門事件のちょうど一ヵ月後の一九八九年七月初めに密かに北京を訪れて中国政府首脳と会談していたことが、同年一二月一九日の報道により明らかになった[17]。アメリカが天安門事件以後中国に厳しい姿勢を示し、他国にもそれを要請していたにもかかわらず、裏側で中国と接触を重ねていたわけである。

これを知った日本政府は、対中制裁の解除に向けての動きを加速させた。日本政府は、一二月二一日、天安門事件以降凍結し、日中間の最大の懸案になっていた第三次円借款の再開に向けて、年明けに事務レベル協議のための政府調査団を中国に派遣する方針を決めた[18]。翌一九九〇年一月、北京市の戒厳令が解除されたのを機に、日中間におけるハイレベルでの人的往来を再開させ、また、政府・自民党内では、第三次円借款の凍結解除を模索する動きが本格化していた[19]。ただし、日本としては、天安門事件を「人権問題」としてとらえて対中援助再開に慎重姿勢を見せる欧米諸国との間で、どのようにバランスをとるかが依然として問題であった。そのため日本は、対中制裁の解除に慎重な姿勢を七月のヒューストン・サミットまで崩さなかった。

その後、日本はヒューストン・サミットにおいて米側と意見調整したうえで他国に先駆けて対中制裁解除に踏み切る方針を明らかにした[20]。しかし、凍結解除の条件としての中国の民主化推進をめぐり、日中双方の認識の一致が見られず[21]、凍結解除が正式に閣議で決定されたのは三ヵ月後の一一月二日だった[22]。これによって、停滞状態に置かれた日中関係が正常に回復し、日中経済協力の柱が再び機能し始めた。

凍結解除以後、これまで一連の天皇の戦争責任問題についての厳しい報道は姿を消した。そして、一一月に行われた「即位の礼」は、日中関係の好転をさらに推し進める契機となった。

(三) 転機としての「即位の礼」

「即位の礼」は、日本の天皇が践祚後、皇位を継承したことを国の内外に示す一連の儀式である。中心儀式にあたる即位礼正殿の儀は、諸外国における「戴冠式」、「即位式」にあたる。新天皇の即位を内外に宣言する即位礼正殿の儀が一九九〇年一一月一二日午後一時から、宮殿松の間で行われた。参列者は一五八ヵ国と二国際機関の代表、皇族ら内外の約二二〇〇人であった。

一一月一四日付の『朝日新聞』は、「中国のマスコミは天皇制に触れる内容や評論は見当たらず、客観報道に徹する姿勢が目立った。儀式の様子は一二日夜の中央テレビが全国放送で放映、各紙も一三日朝刊で一斉に取り上げたが、写真はなく、比較的地味な扱い」と明仁天皇の「即位の礼」に関する中国の報道姿勢を伝えた[23]。

しかし、実際には「即位の礼」をきっかけに、中国側のそれまでの天皇に対する批判的な姿勢は影を潜め、積極的な姿勢に転じていった。「即位の礼」への代表派遣に至る中国政府の対応を見ておく。

明仁天皇の「即位の礼」に対する中国側の対応については、まず、一九九〇年七月二八日、国務院スポークスマンが「中国は間違いなく、両国関係に適応する高級職の官吏を派遣し、明仁天皇の『即位の礼』に参加させるが、具体的に誰を派遣するかはまだ最終的に確定されていない[24]」という慎重な発言を行った。当初中国は、前年の昭和天皇の「大喪の礼」には他の国々と比べて相対的にランクの低い銭外相を派遣したが、新天皇には戦争責任問題の影がないことなどから楊尚昆国家主席、万里全人代常務委員長クラスの派遣を検討していた。しかし、結局、呉学謙副首相を派遣することになった。

七月二八日の国務院スポークスマン発言の背景には、七月一七日に日本側から正式に対中円借款凍結の解除を行う方針が伝えられ、また今後一層の民主化が求められたことに対する期待と不満があると考えられる。(25) また、日本が天安門事件の制裁の一環である現職閣僚の訪中停止解除に踏み切っていないことや、(26) 自衛隊の海外派遣や尖閣列島（魚釣島）問題など懸案が山積する中で、どのレベルの代表を派遣するか、中国側は容易に決めかねていた。(27)

ところが、その後一一月に入ると、「即位の礼」についての『人民日報』の報道は極めて積極的になった。『人民日報』は、「日本明仁天皇一二日即位の礼　呉学謙が招きに応じて出席予定」、「呉学謙が明仁天皇の即位の礼に出席するため日本へ赴く」、「日本で明仁天皇の即位の礼が開催」という三本の記事により、中国代表の「即位の礼」出席の様子を一部始終報道した。(28) さらに、祝電に関する記事も含め、(29) 五日間で天皇即位に関して五本の記事を掲載しており、これまでにない積極的な報道に転じたのである。もちろん、中国の天皇報道に批判的な姿勢がなくなったわけではない。例えば、「即位の礼」の厳戒ぶりについて、「東京都内で警備が厳重。日本全国から召集された警察官の数が三・七万人に達した」と伝え、さらに、反対派による爆弾闘争も報じていた。(30) しかし、「大喪の礼」に反対する爆弾事件の報道に比べれば、取り扱い方は小さかった。(31) 何よりも、天皇の戦争責任問題には全く言及しなくなったのである。

「即位の礼」について、『人民日報』が積極的な報道姿勢を用いた背景には、先にも言及した一一月二日に日中間で正式調印したばかりの第三次円借款に関する交換公文があった。これによって、天安門事件以降日中間の最大の懸案となっていた対中経済制裁がようやく終息したからである。

重要なのは、一二日に「即位の礼」に参列した呉学謙副首相が天皇、皇后と会見した際、「楊尚昆国家主席のメッセージとして『都合が良い時期に両陛下にご訪中いただきたいと伝えた』と説明し」、(32) 再び正式に天安門事件によって途絶えた天皇訪中問題を提起したことであった。(33) これにより、天皇訪中が再び日中間の交渉のテーブルに上ることになった。ただし、当時、日中双方は共にこの正式要請を公表せず、水面下での日中交渉が続けられることになった。

以上のように、天安門事件以降実現可能性がほとんど失われていた天皇訪中は、「即位の礼」を転機として、実現に向けての動きが本格化していった。とくに中国側には、「即位の礼」を通じて、日中間の状況をさらに打開したいという思惑があったのである。しかし、「即位の礼」に副首相を派遣したにとどめたことに示されるように[34]、そこにはまだ慎重な姿勢も残っていた。

第二節　訪中実現の具体化

(一)「天安門後遺症」からの脱却

一九九〇年一一月一二日の「即位の礼」への参列をきっかけに、呉学謙副首相が正式に天皇訪中を招請した。これをきっかけに、中国が日本に要請する重点項目を「円借款再開」から「天皇訪中」へと転換し、天安門事件によって挫折した天皇訪中の合意を復活させようとした。

訪日中の呉学謙副首相は、日本側の要人を歴訪することを通して、「即位の礼」外交を展開した[35]。具体的には、日本側の閣僚級の往来を求めたり、海部首相の訪中を希望したり[36]、正式に天皇訪中を招請したりしたのである。閣僚級の往来と首相の訪中は、西側の制裁を打破するためだけではなく、天皇訪中の露払いの意味ももっていた。「即位の礼」外交を通して、呉副首相は「閣僚級の往来→海部首相の訪中→天皇訪中」という構想を、日本側に伝えたと考えられる。

この構想が現実味を帯びるのは、湾岸戦争をめぐる米国の対中接近[37]をはじめとする西側諸国の対中動向の変化であった。日本の対中融和路線もこのような流れのなかで進んでいた。日本政府が中山太郎外相の訪中について日程を調整するなか、海部首相は一九九一年一月三日夜、年内の中国訪問に強い意欲を表明した(38)。外相と首相の訪中が実現すれば、対中制裁の解除とともに日中関係は完全に修復されることになる。これは、「中国にとって政府高官の交流停止という西側の制裁を打破し、『天安門後遺症』から脱却する大きな一歩を意味(39)」するに留まらず、天皇訪中の局面にも道を開くことになる。

このような状況のなかで、中国は再び公に天皇訪中を招請し始めた。一九九一年三月三〇日、江沢民総書記は、中日新聞社のインタビューに対して、「我々は日本の天皇陛下が中国を訪問するのを歓迎する」と述べ、天安門事件後、中国側として初めて公に天皇訪中に言及した(40)。

その後、四月の中山外相の訪中、六月の銭外相の訪日、八月の海部首相の訪中、一二月の田紀雲副首相の訪日、さらに一九九二年一月の渡辺外相の訪中を通して、双方は天皇訪中の時期について、「来年の都合の良い時期」→「来年の国交正常化二〇周年」→「今秋」へと絞り込み、次第に明確になっていった。

(二) 海部訪中

海部首相は訪中前の一九九一年八月二日、首相官邸における中国新聞代表団との会見で、天皇の訪中問題について「中国側が訪問を招請するなら日本側は真剣に考慮する」と述べた。翌三日付の『人民日報』は、海部のこの発言を引用する形で、天皇訪中問題が日中間の外交日程に浮上したことを報道した(41)。また、海部訪中前の八月六日、中国国務院のスポークスマンは、『読売新聞』記者のインタビューに対して、天皇訪中における日中間での基本合意が達成されたことを強調し、これからがラストステージであることをアピールした(42)。

しかし、海部訪中の最大の焦点である天皇訪中招請問題について、楊尚昆国家主席は一二日の海部首相との会見ではいっさい触れず、李鵬首相が一〇日夜の歓迎宴の場で招請したにとどまった。これについて、日本の外務省筋が「今の段階では日本側は『検討中』としか回答できない。公式会談で招請し、日本を追い詰めるべきでない、という中国側の配慮があったようだ」[43]との見解を述べた。以上からみれば、日本政府は一九九一年八月の海部訪中において、天皇訪中実現についての明確な約束を中国側に与えなかったことが分かる。日本側がこのような姿勢を取った理由について、政府内には天皇訪中をめぐり、①海部首相の任期切れ、②天皇訪韓との調整、③天皇訪米が優先、などの意見があり、内外の調整が難航していたと言われる[44]。

しかし、日本政府の慎重姿勢には、このような内部調整の難航に加えて、海部首相が提唱した「世界の中の日中関係」という日中関係の新たな視点が背後にあったように思われる。海部は、日中両国間の次元で処理されてきた日中関係は今後、アジア・太平洋という地域の次元や国際関係全般に関わる次元で発展させることが重要との認識を示した。具体的には、天安門事件後、西側首脳として初の訪中を行った海部は、「世界の中の日中関係」を強調し、新たな国際秩序づくりに果たす両国の役割について中国側と協議すると同時に、中国に対し、軍縮、武器移転の規制、民主化・人権問題という中国にとって「耳の痛い話」を繰り返し持ち出し、中国政府の前向きな対応を促す姿勢を示した。

かかる日本政府の対応には、他の西側諸国が冷たい視線で見つめる首相訪中において「言うべきことをキチンと言った」（外務省筋）という印象を西側に強く残したいという思惑があったものと考えられる。しかし、西側諸国が最大の関心を寄せている民主化・人権問題では、中国政府はこれまで通りのかたくなな姿勢を崩さなかった[45]。中国政府関係者も、「日本の首相が訪問した、ということ自体に今回は十分な意義がある」[46]と隠さず語ったように、確かに、海部訪中により両国関係は大きく改善されたが、天皇訪中問題については、実質的な進展はみられなかったのである。

（三）宮沢内閣の誕生と渡辺訪中

一九九一年一一月五日に、海部内閣に代わり、宮沢喜一内閣が誕生した。これにより、天皇訪中に関する日本側の姿勢に変化が生じるようになった。その大きな理由の一つは、米中関係の改善であった。

一一月三日深夜、アメリカが米中関係の修復に乗り出すため、天安門事件以後初の米国政府高官の公式の中国訪問予定を公表した[47]。一〇日に訪日したベーカー米国務長官は、一五日からの訪中を成功させるため、日本が持つ対中影響力の発揮を期待すると表明した[48]。一三日の朝、ＡＰＥＣ出席中の渡辺副総理・外相と銭其琛外相がソウルで会談した。会談で渡辺は、ベーカー訪中時に米議会が問題視している中国の人権、武器拡散、通商問題についてよく話し合い、米中関係を改善するよう銭に求めた。これに対し銭は、ベーカー訪中に対する期待感を表明した[49]。

同会談で銭は、「日中国交正常化二十周年の来年、天皇陛下の中国訪問を宮沢内閣でも検討してほしい」と宮沢政権に天皇訪中の検討を求めたが、渡辺から「現在、引き続き検討中だ」との答えしかもらえなかった[50]。

同じ一三日に宮沢は、第四回日中経済討論会中国代表団との会見で、「衣食問題は人権問題の基本と出発点である。中国が衣食問題を解決したのは非常に大きな進歩である。各国の文化背景が異なり、本国の標準で判断してはいけない[51]」と述べて、人権問題での中国への配慮を示し、中国の主張に同調する姿勢を示した。このような日本の対中姿勢は、西側の一員として「普遍的価値」を標榜する姿勢と対中政策における柔軟な姿勢は必ずしも矛盾しないとの認識を示すものであり、むしろ日本政府は両者の間の架け橋の役割を志向したものと言われている[52]。

一五日に訪中したベーカーは首脳会談で、ミサイル拡散、貿易摩擦、人権など広範な事項について要求を突きつけ、中国側から多くの譲歩を勝ち取った。米中関係について、彼は、中国との経済貿易関係の発展と国際問題に関する協力の強化を望み、また、中国に対する最恵国待遇の延長にいかなる前提条件もつけないとの方針も表明した[53]。前年一一月の銭外相の訪米により実現した米中接近をふまえた今回の訪中によって、米中和解が実現した[54]。このような米中関係の改善を背景に、日本は天皇訪中の実現に積極的な姿勢をとるようになった。そして、この時交渉にあたったのが外相の渡辺美智雄だった。

渡辺美智雄の息子・渡辺喜美によれば、「天安門事件のあとは議員外交を展開し、米国から中国への要求を聞き出したりした。それを中国の楊振亜大使に伝え、直後に訪中し」たのだという。楊大使との関係が「非常に深かった。信頼関係があ」り、「そういうことの延長線上に外務大臣としての天皇訪中問題があった」のだという(55)。

一一月三〇日、渡辺は記者会見で、天皇訪中問題について「(中国は)来年、天皇陛下にきてもらいたい、と言っており、そういう方向がいいのではないかと考えている。過去のことは言わずに前を向いた関係を作っていきたい」と述べ、翌一九九二年の日中国交正常化二十周年を機に天皇訪中を実現すべきだとの考えを示した(56)。

また、一二月二日、渡辺外相はＰＫＯ特別委員会のなかで天皇訪中について、「中国からぜひ訪中してほしいという話があって、(来年が国交)正常化二〇周年の節目であるという気持ちも分かるので、できることならそういう方向でお話ししてみるのがいいのかなあ、という程度の感じは持っている(57)」と答え、一九九二年中の実現に前向きな姿勢を示した。

このように、天皇訪中に対する日本側の姿勢が変化するなか、中国の田紀雲副首相が訪日した。宮沢政権が誕生して初の中国首脳の訪日だった。田副首相は一九九一年一二月三日に宮沢首相と会談し、そこで、「日中国交正常化二十周年の来年、天皇・皇后両陛下が訪中されることを期待する」と天皇訪中を要請した。しかし、宮沢首相は天皇訪中について「招待に感謝する。いろいろな事情を踏まえて十分検討したい」と明確な答えを示さなかった(58)。

天皇訪中について、宮沢首相は慎重な姿勢を示したが、新たな動きも示した。田副首相訪日中の一二月五日、外務省筋は渡辺副総理・外相の翌一九九二年一月の訪中の意向を固め、中国政府と非公式に日程調整に入ったことを明らかにしたのである。その目的の一つは、中国側から強い要請がなされている天皇・皇后の訪中実現に向け、中国政府と協議することであったという[59]。

渡辺は、天皇訪中の実現に意欲的であった。橋本恕駐中国大使と谷野作太郎外務省アジア局長らの進言に沿って、宮沢首相の支持も得ていた。また、訪中する前に、自民党の大物政治家や宮内庁、警察庁など関係各省庁のトップに対する根回しを行い[60]、首相官邸との綿密な打ち合わせもなされていた[61]。

一二月二五日、中国外務省の徐敦信事務次官が渡辺訪中について、時事通信とのインタビューに応じた。徐は、天皇訪中の「お言葉」について、「中国は礼儀の国であり、客を困らせることはしない」とし、過去の歴史に対する謝罪の「お言葉」については日本側に下駄を預けると述べた[62]。訪中する天皇に謝罪要求はしないという中国側の意思を表明したのである。一九九二年一月三日に、渡辺は北京に乗り込んだ。

渡辺訪中について一月四日付の『人民日報』は、「漏れ伝わるところによれば、（今回の訪中で）渡辺は日中国交正常化二〇周年を記念するため、中国側と両国高層部指導者の相互訪問について討論する、特に日本の天皇、皇后による初の中国訪問の実現に最後の調整を行う（予定がある：筆者）[63]」と渡辺訪中の目的の一つが天皇訪中実現の最終調整であることを報じた。これは、渡辺訪中を一区切りとして、天皇訪中実現にむけての実質的な一歩が踏み出されることを示唆するものだった。

一九九二年一月四日午前に行われた日中外相会談で銭外相は、「日中国交正常化二〇周年にあたる本年秋の両陛下のご訪中を歓迎する」として、初めて時期を特定して、天皇訪中を招請した。これに対して、渡辺は「累次にわたる招請を多としつつ、これを踏まえさらに政府部内で真剣に検討していく」と答えた。渡辺の発言は、政府が天皇訪中実現に向け本格的な検討に着手し、基本的に応じる考えを表明したことを意味した[64]。渡辺に同行して訪中した当時の外務省アジア局長であった谷野作太郎は、「両陛下の御訪中について、具体的な日取りを銭其琛外相との間で極秘裏に提示し帰ってきたんです。〔中略〕渡辺大臣が具体的日程を提示するにおいては、宮沢総理の了承なしで、そんなことできるわけがない[65]」と天皇訪中に関する日中両政府間の秘密交渉の内幕を語った。渡辺は訪中前にかなり具体的な点まで宮沢の了解を得ていたのである。

同日の午後に行われた李鵬首相との会談で、李は、「私達は日本国民の心の中に『天皇』という地位のあり方を心得ているし、私達は天皇皇后両陛下の訪中は、（中国政府と人民の）熱烈な歓迎を受けることを信じる（保証する）[66]」と日本側に天皇の地位への理解と天皇訪中に対する中国側の決意を示した[67]。

さらに、渡辺と李鵬との会談後に行われた江沢民総書記との会談で、江は、「今年は中日国交正常化二〇周年で、盛大に記念する値打ちがある。私は日本政府の招待に感謝し、喜んで貴国を訪問する。私達も天皇と皇后陛下が今年中にご都合のよい時に中国を訪問することを歓迎する」と語った[68]。これによって、「江総書記訪日＋天皇訪中」との案が浮上してきたのである。

六日夜、日本政府筋は天皇、皇后の訪中問題について「日中国交正常化二〇周年にあたる九月二九日前後をめどとして、二月から宮内庁、首相官邸、外務省間の調整を始める[69]」と語り、今秋実現の方向で政府として具体的な検討に入ったことを明らかにした。このように、渡辺訪中を通して、天皇訪中は今秋実現の方向がほぼ固まったと見られていた。さらに、この段階で、両国が「今夏の江総書記訪日＋今秋の天皇訪中」で大筋の合意に達した。

このような合意は、天安門事件直前に竹下と李鵬との間で達成した合意を継承したものであり、また、天安門事件以後、天皇訪中をめぐる日中それぞれの外交戦略に沿って行われていたものである。

天安門事件以後の度重なる天皇訪中への要請は中国が展開していた対日「突破口」外交の一環であった。これは当時の中国外相の銭其琛の回顧録『外交十記』で確認できる[70]。つまり、天安門事件で国際社会から孤立した中国が、天皇訪中を取り付けることによって、各国の信頼を回復する突破口を見出だし、日本国民の対中感情を好転させることを狙っていた。さらに、天皇訪中を成功させ、日中関係の緊密化をアピールすることで、米国に対中関係改善を急がせる効果も狙っていた。もちろん、経済大国の日本との友好関係の推進が、改革開放を進める上で不可欠という認識もあった。

一方、日本にとっても、天皇訪中は新たな日中関係の構築という対中政策上効果的であるとみられていた。[71]つまり、天皇訪中による中国との関係強化によって「中国との過去の問題にひとつの大きな区切りをつける」ことや、PKO派遣や北方領土の返還などでの中国の協力を得やすくなるという効果が期待された。[72]

天皇訪中を実現するため、日本政府は西側先進諸国、特にアメリカへの配慮を怠らなかった。すなわち、日本政府は、一月のブッシュ（父）大統領訪日の際、年内の天皇訪中実現の方針を伝え、大統領の了承を得た。[73]また、同じ問題を抱える韓国に対しても、ソウル五輪の開会式に当時の首相として出席した竹下登を三月末に派遣し、天皇訪中を訪韓に先駆けて実施することについて盧泰愚大統領の了承を取り付けた。[74]このように、日本側も天皇訪中をめぐって、周到な外交努力を重ね、実現に向けての国際的な環境づくりを進めていった。

第三節　江沢民訪日

（一）保守派による対日批判と「南巡講話」

こうして天皇訪中は本格的に動き始めるはずであった。天皇訪中の合意がなされた渡辺美智雄外相の訪中で江沢民総書記の訪日が決まった。一時は総書記の訪日時に「受諾」を表明する方針で、詰めが行われていたようであった。[75]しかし、後で見るように一九九二年四月に訪日した江は宮沢喜一首相から天皇訪中の確約を得られなかった。訪中の舞台作りに赤信号がともったのである。この経緯をみていこう。

実は、渡辺訪中の直後から、中国では日本を刺激するような発言や行動がなされた。

まず、一九九二年一月一〇日に、朱良中央対外連絡部長が訪中した田辺誠社会党委員長に対して、国連平和維持活動（ＰＫＯ）協力法案と自衛隊の海外派遣について懸念を表明した[76]。さらに、二月二一日、楊振亜駐日大使が記者会見で、両国の「不幸な一時期の歴史に対し、ひとつの態度表明が出れば」と天皇訪中時において歴史問題に触れることへの期待を語ったのである[77]。

そして、二月二五日、中国が尖閣諸島（中国名、釣魚島）を中国領土と明記した領海法を公布した。また、三月二一日には、中国人の研究所助手・童増らが、日中戦争での日本軍による殺傷などに対する民間賠償を求める日本の国会宛ての公開状を発表した。公開状では今秋にも予定されている天皇訪中について、「まず中国人民に謝罪し、次に賠償を進める」と要望していた[78]。

このように、渡辺訪中からわずか三ヵ月の間に、ＰＫＯ問題、歴史問題、領土問題のような日中関係に悪影響を与える発言や行動が相次ぎ、日中関係に水を差す動きが目立ってきた。これらの問題はその後日中両政府によって抑制され[79]、さほど大きな問題にならなかったが、目前に迫った天皇訪中問題に悪影響を与えたことは否定できなかった。とくに、日本側の天皇訪中の反対派や慎重派に絶好の口実を与えてしまったのである。

日本の報道では、これらの問題を「開放政策などをめぐる中国内部の権力抗争[80]」や、「鄧小平氏の指示で改革派の攻勢が始まったことに対する保守派の抵抗の一つ[81]」と中国国内の路線対立による権力闘争の現れだとの指摘がなされていた。

このような指摘は、当時の中国の実情を言い当てていたかもしれない。天安門事件に次いで、東欧の歴史的変革、ソ連邦崩壊が起き、中国は未曾有の危機に直面し、政府内に路線の対立が生じていた。社会主義の崩壊をイデオロギーでしのごうとする保守派と、経済成長で乗り切ろうとする鄧小平ら改革派との駆け引きが続いていたのである[82]。そして、世界的な脱社会主義の潮流のなか、保守派が勢いづき、鄧小平ら改革派は極めて困難な状況に陥っていた。

このような難局を突破したのが鄧小平の「南巡講話」だった。彼は、渡辺訪中直後の一九九二年一月から二月中旬にかけて、保守派が優勢を占める北京を避け、武漢、深圳《シンセン》、珠海、上海などを視察し、「改革開放をやらないものは辞めろ」「資本主義のいいところは利用せよ」といった改革加速を号令した。これが「南巡講話」である。党中央は鄧の南巡を黙殺しようとしたが、楊尚昆や喬石の支持を得て、大勢は動き始めた(83)。「南巡講話」は江沢民政権を改革開放の軌道に乗せる路線闘争であったとも言われている(84)。

「南巡講話」によって、改革開放の大合唱が中国各地で巻き起こった。江沢民は最終的に「南巡講話」への支持を表明した(85)。二月二八日、中国共産党中央委員会は、「南巡講話」の要点を「中共中央（一九九二）第二号文件(86)」として、全国に下達するよう指示した。さらに、三月九～一〇日、江沢民が主宰した共産党政治局全体会議で、「南巡講話」の演説内容の具体化、改革開放路線の加速化が確認された(87)。一一日、新華社はこの会議を長編記事で報じ、政治局の名義で全国に通達した(88)。この通達は、改革開放政策を促進することを確認するとともに、「右（の行き過ぎ：筆者）も警戒しなければならないが、主に〝左〟を防がなければならない」と呼び掛け、保守派への批判路線を鮮明に打ち出した。政治局全体会議直後の三月二〇日から開かれた第七期全人代第五回会議で、改革開放政策が再び推進されることが確認され、改革派は完全に主導権を取り戻した。さらに、天皇訪中直前の一〇月一二日に開かれた中国共産党第一四回全国代表大会において「社会主義市場経済」への移行が決定され、保守派に対する改革派の勝利が決定的になったことを示している。

保守派の攻勢によって、一時的に危ぶまれた天皇訪中問題は、改革派の主導権回復により、再び軌道に乗せられた。李鵬首相は二〇日の政府活動報告の中で、「今年は中日国交正常化二〇周年で、両国最高レベルの相互訪問が予定されている。これは中日関係の健全な発展を促進するのに重要な役割を果たすだろう(89)」と翌月の江沢民訪日と、天皇訪中を匂わせる発言を行ったのである。

（二）江沢民総書記と万里委員長の訪日

一方、日本では天皇訪中にブレーキをかける状況が生まれていた。一九九二年一月一七日、藤尾正行が自民党総務会で、「天皇陛下が政治に巻き込まれる恐れがある」との声をあげた。また、二月二一日の自民党総務会で、幹事長の綿貫民輔は宮沢に「慎重対処を」と伝えた。(90) さらに、「三月下旬の自民党最高顧問懇談会で、中曽根元首相らが天皇訪中に慎重論を主張した。江沢民中国共産党総書記の来日前ということもあり、宮沢首相が『一つおみやげ（天皇訪中の決定）を持たせて帰そうと思いますが』と切り出した途端、『待った』がかかり、『へたすれば、党が割れる』との意見まで出た(91)」のである。

このように、自民党内では天皇訪中に対する反対や慎重論が広がっていった。こうした状況のなかで、一九九二年四月に江沢民・総書記、五月に万里・全人代委員長が訪日した。

江沢民は、総書記として一九九二年四月六日から一〇日にかけて日本を訪問した。天安門事件以後、中国首脳として初めての訪日だった。訪日前の四月一日、江沢民は日本人記者団と会見し、天皇訪中の環境作りも念頭において、日中間と国内外の問題について話した。

会見で江沢民はまず、三月の中国共産党中央政治局全体会議で一気に改革開放路線の再加速に転換したことをアピールし、鄧小平路線の堅持という中国の進路を示した。また、中国指導部内の保革対立を否定し、日中友好協力関係における中国側の政治基盤が強化され、日本側の改革開放に対する支持と協力は何のリスクも引き起こさないと示唆した。さらに、最近の尖閣諸島問題など日中関係に齟齬をきたすような問題についても、柔軟な姿勢を示した。

そして、天皇訪中問題については、「中国が天皇訪中を招請するのが両国人民の世々代々にわたる友好発展のためである。天皇陛下の訪中が必ず中日関係の積極的な発展をさらに促進させると確信している。天皇訪中の手はずについて、双方が一歩進んで協議する」[92]と今秋（一九九二年）実現に強い意欲を示した。天皇訪中の際の「お言葉」については、「両国民の願いに合致しており、訪中時にどのようなお言葉を述べられるかは日本側の問題」[93]と述べ、戦争被害などに対する謝罪についても柔軟な姿勢を示した。

四月六日、訪日した江沢民総書記と宮沢喜一首相との首脳会談が行われた。会談で最も注目されていた天皇訪中問題について、宮沢は、中国側の招請に謝意を示し、「二〇周年の年に実現すれば、将来にわたる友好発展に極めて意義深い」[94]と踏み込んだ回答を行った。しかし、宮沢のこの発言は、「会談内容についての外務省の当初の発表では明らかにされず、中国側の発表で初めて判明した」[95]。また、同会談で江は「この問題については、中国国内にもいろいろ議論があったが、私は勇敢にやってきた」とも述べて、宮沢の決断を促した[96]。後に報道されたところによれば、宮沢は江に対し、「中国の希望に添うよう努力したい。ただ、いましばらく時間をいただきたい」と語ったという。そして、発表の際、日本国内の反対論を刺激しないように「努力」ではなく「真剣に検討する」という表現が使われたのだという[97]。このように、日本側は中国の積極的な天皇訪中招請に基本的には同意しながらも、曖昧な対応に始終していた。

いずれにせよ、この時点で、江沢民は宮沢から天皇訪中の確約を得ることはできなかった。四月八日、東京での主要政治日程を終えた江沢民は記者会見で、「天皇・皇后両陛下に訪中を招請したのは両国人民の友情をさらに深めたいところにある。訪問をどのように手配するかは、日本側が考えることだ。天皇訪中の手はずについて、両国の関連部署の間で具体的に協議すべき問題だ」[98]と述べ、日本側の決断を改めて促した。

ところが、江沢民帰国前の一〇日、銭其琛外相は江沢民訪日について談話を発表し、そのなかで天皇訪中についてはまったく触れなかった[99]。その後、五月八日、訪中した竹下元首相と会談した楊尚昆国家主席も、五月二五日から訪日した万里全人代委員長も公に天皇訪中に触れることはなかった。後に楊振亜大使が振り返ったところでは、中国側は、すでにあらゆる善意の限りを尽くしたのであり、天皇訪中が実現するか否かは日本側の対応にかかっていると認識し、天皇訪中をあえて提起しないことにしたという[100]。

こうした中国側の姿勢は日本側を刺激することになった。六月一日、万里が帰国する前に、外務省アジア局長の谷野作太郎が大阪へ行き、中国外交部の副部長徐敦信に天皇訪中問題についての日本の対応について釈明を行った。谷野は「（天皇訪中における）当面の困難は主に自民党の内に反対勢力があることである。しかし、マスコミの論調において積極的な変化が現れ始め、ある大手新聞社は社説で（天皇訪中に）賛成を示した。渡辺外相と外務省は引き続き、各方面から支持を獲得するよう努力し、宮沢首相が七月の参議院選挙後に結論を得ることができると予想するとわざと説明を加えた[101]」のである。

日本側のこのような事情を知った中国は、「ここでこの問題を持ち出すと自民党内の反対論を再び刺激して訪中実現にマイナスになる」と考え、日本政府もまた、「当面、反対論の沈静化を待つ構えで、最終結論は七月の参院選後になるとの見方が強まっており、天皇訪中問題はしばらく水面下にもぐり続け[102]」ることになった。

江沢民訪日の際、天皇訪中の確約を得ることができなかったものの、天皇訪中問題の最後の障害が日本国内の反対論にあるという点において、日中は共通認識に立ったのであった。

第四節　ＰＫＯ法案の成立と天皇訪中の閣議決定

(一) ＰＫＯ法案における態度の変化

江沢民総書記と万里委員長の訪日以降、中国は天皇訪中実現の最後の障害は日本の国内政治であると考え、日本政府の政治決断を待つ姿勢をとった。そのため中国は、日本に対する抑制的な態度をとるようになる。このことが明確に現れたのが、日本で大きな問題となっていた国際平和協力法（ＰＫＯ法案）についての中国の反応だった。「湾岸ショック」をきっかけに日本政府は人的な国際貢献の必要性を意識し、自民党政権（海部俊樹～宮沢喜一内閣）がＰＫＯ法案を提出し、成立へ向けた努力を行っていた。しかし、自衛隊の海外派遣を含むＰＫＯ法案は、憲法九条との関連で、日本国内で意見を二分していた。同時に、「歴史的な原因により、いかなる形にせよ日本が海外派兵することは極めて敏感な問題だ」として、中国、韓国などアジア近隣諸国の反発も無視できなかった(103)。

この問題に対する中国の発言は、基本的に「敏感な問題なので、慎重に対処してほしい」という内容だった(104)が、江沢民訪日で変化が現れた。

一九九二年四月六日に行われた宮沢と江沢民の首脳会談で、江は、宮沢がＰＫＯ法案を国会で審議中であることを説明して、理解を求めたのに対し、「総理の友人としての立場でいえば、ＰＫＯは敏感な問題だ。慎重な態度で対処願いたい(105)」と答えるにとどめた。しかし、翌日に江は「国際情勢及び中日関係」と題する講演で、「中国政府と人民は、日本が引き続き平和的発展の道を歩むことを歓迎し、日本がアジア及び世界の平和を擁護し、各国の共同繁栄を促進する面において、積極的な役割を果たすことを支持する(106)」と発言した。日本政府はこの発言を「ＰＫＯ法案黙認のサイン」と受け取った(107)。日本国内で、ＰＫＯ法案が大詰めを迎えた時期、中国は、日本に慎重な姿勢を求める以上の言動は行わず、極めて抑制した態度を取ったのであった。

（二）閣議決定まで

宮沢首相は後に「中国首脳が『絶対に安全はお守りします』と約束した」から、天皇訪中を実現させる決心がついたと振り返っている(108)。仮に天皇訪中が実現した場合、中国は万全の対応をするだろうという確信を得た宮沢は、国内、特に自民党内の反対論の沈静化を図りながら、天皇訪中の地ならし工作を展開していた。

こうした天皇訪中実現のための最後の地ならしで重要な役割を果たしたのが橋本恕大使だった。密かに宮沢首相から天皇訪中の実現を推進させよと命じられた橋本は「自民党工作」を始める前に、天皇訪中に消極的な自民党の役員や派閥領袖を説得するため、中国が天皇訪中に向けて前向きに努力していることを示す「交渉材料」を得ることにした。一九九二年六月末の帰国を前に橋本は、温家宝中共中央弁公庁主任、羅幹国務院秘書長と会見し、二人に対して、天皇訪中前後一年から二年間にわたり、天皇訪中についてはもちろんのこと、日本政府、日本に対する批判や中傷の報道・発言をすべて抑えることを要請した。これに対して中国側は、明示的な同意は避けたものの、「暗黙の合意」で応えたという[109]。そして、このことを裏付ける材料がＰＫＯ法案に対する中国の抑制的な対応であった。

橋本大使に地ならし工作を指示した宮沢は六月一七日、「陛下においでいただくのが望ましい。今は冷却期間にあたるが、中国側の事情も説明しながら、国民が祝福するなかで、訪中していただきたい」と述べ、「冷却期間」についても、「年を越すような」ことは「全然考えていない」と、秋の訪中実現をあくまでめざす強い意欲を表明した[110]。これについて、中国では「宮沢首相が、こうした明確な表現でこの問題に積極姿勢を示したのは初めてである」と報じた[111]。

六月一九日、訪日していた中日友好協会の孫平化会長と楊振亜大使は共に首相官邸において宮沢首相と天皇訪中をめぐって極秘に会談した。宮沢は「天皇陛下の訪中は必ず実現させますが、党内に反対者がいるため、少し時間が必要です。橋本大使には一時帰国して会議で反対派を説得するよう指示しており、参議院議員たちにも選挙活動でそれぞれ各地に赴く際に働きかけをしてもらおうと考えています。渡辺外相はこの件に積極的で、働きかけを行う上でも好都合な立場にありますが残念ながら入院してしまい、しばらくは良き片腕を欠くことになります」と語り、少し時間が必要であるが、天皇訪中の実現を約束した。孫は「どうやら参院選の期間中は総理はこの件で論争を巻き起こすわけにいかず、最終決定は選挙の後ということになりそうだ」と受けとめ、同行した楊大使が直ちに北京に報告した[112]。

六月末、一時帰国した橋本大使は、中曽根康弘、福田赳夫、竹下登ら首相経験者のほか、金丸信副総裁、佐藤孝行総務会長ら自民党の役員に対する根回しを行った。彼は、北京で中国指導者から得た情報や感触に基づき、中国国内の政治の安定に懸念を示す自民党実力者の説得を重ねた[113]。また、楊振亜大使は中国大使館に橋本を招き、両大使は「今年は国交正常化二〇周年の千載一遇のチャンスであり、この時を失っては、もう好機は来ない」との認識で一致した。二人は北京と東京で協同して天皇訪中の今秋実現を努力すると約束し、訪中実現に向けて両国間の環境づくりを進めることにした[114]。

後に宮沢は「やはり国内で、どういうところを抑えておいたらいいかという問題がありまして、官房副長官をはじめみんなが手分けをして、それなりに関係者にも渡りをつけているわけです。渡りをつけていって、簡単なところもありましたが、簡単でないところもあって、なかなか手間がかかりました[115]」と回想し、日本国内で関係者を使って、反対者を説得するための周到な準備と根回しを行ったことを述べている。そして、楊も「宮沢首相が訪中工作にますます力を注ぐのに伴い、我が館（駐日中国大使館：筆者）も協力し」たと、中国政府も日本国内の地ならしに協力したことを明らかにしている。こうした地ならし工作が功を奏し、「七月末に日本の主要新聞の論調が大きく変わり、『賛成論』が次第に『慎重論』に取って代わった」のであった[116]。

七月末の参議院選挙で自民党が勝利し、八月二五日に、天皇訪中が正式に閣議で決定され、日中両国政府により同時発表された。ここにおいて、ようやく長年の懸案であった天皇訪中が実現することになった。

第五節　天皇訪中実現と「お言葉」問題

明仁天皇は皇后とともに中日国交正常化二〇周年を記念し、一九九二年一〇月二三日から二八日の期間に北京、西安、上海を訪れ、歴代天皇として初めて中国を公式訪問した。そのなかで最も注目を集めたのが天皇が述べる「お言葉」だった。

訪中第一日の夜、人民大会堂で行われた楊尚昆国家主席主催の歓迎晩餐会で挨拶し、過去の日中関係に触れ、次のような「お言葉」を述べた。

我が国が中国国民に対し多大の苦難を与えた不幸な一時期がありました。これは私の深く悲しみとするところであります。戦争が終わった時、我が国民は、このような戦争を再び繰り返してはならないとの深い反省にたち、平和国家としての道を歩むことを固く決意して、国の再建に取り組みました。[117]

明仁天皇の「お言葉」は、昭和天皇が「両国の長い歴史の間には一時、不幸な出来事もありました」（一九七八年一〇月二三日、鄧小平との会見）と加害者と被害者の立場を曖昧にして避けてきたことに比べ、「我が国が中国国民に対し多大の苦難を与えた」と明確にした点では大きな意味があった。ただし、「私の深く悲しみとする」というように、依然「謝罪」の言葉はなかった。

この天皇の「お言葉」について、アジアの他の国々と欧米では、「お言葉」に謝罪が含まれなかったことが重点的に報じられた。[118]しかし、中国の報道は異なっていた。当初、中国の各新聞は論評も加えない形で全文を掲載しただけであった。[119]一〇月二六日付の『人民日報』は、一〇月二四日の『毎日新聞』、『読売新聞』、『日本経済新聞』における天皇の「お言葉」に関する社説を紹介し、日本の「主な全国紙は社説を発表し、天皇訪中が日中両国人民の友誼と相互理解を促進することを期待している」と伝え、「お言葉」に対して中国側がおおむね歓迎するという姿勢を示した(120)。

そもそも、宮中晩餐会や、外国訪問の際の天皇の「お言葉」は、外務省を中心に政府の責任で作成されている。しかし、訪中の際の「お言葉」の作成過程に、天皇自身が主体性をある程度発揮したと言われる(121)。これが原因で、「日本政府のほうにこの天皇訪中をもって日中の歴史問題の解決とする『和解の論理』の意思が必ずしも貫徹されていなかった」との指摘もなされた(122)。もちろん、日本側には天皇訪中を歴史問題に対する一つの区切りとしたい思惑があったが、二分化した国内世論や自民党内の対立への配慮が働いた。また、象徴天皇としては政治的発言はできないこと、そして天皇の政治利用という批判を回避するため、歴史問題には極力触れない方針が政府の主流になっていたという。この点では、宮沢首相自身も、日中間の歴史問題に一つの区切りをつける目的から訪中を決断したかどうかは疑問であった(123)。

「お言葉」に関する日中間の交渉はあったと思われる。楊振亜大使の回顧によれば、中国側では「天皇という角度から、（戦争の：筆者）加害者責任を明確にし、あるべき反省を表現しており、基本的に受け入れられる」ことになったという(124)。ここには、「お言葉は陛下の率直なお気持ちを表すもので、政治的内容を託すべきではない」という建前論だけでは理解できない部分がある。日中両政府とも「訪中大成功」を何としても演出しなければならなかったのであり、そのためには天皇の「お言葉」を政治争点化してはならなかったのだろう(125)。

当時、日本では天皇訪中への慎重論が根強かったことを想定すれば、訪中の「お言葉」で、明仁天皇は個人としての考えをぎりぎりのところまで述べたかもしれない。しかし、この「お言葉」で両国間の「不幸な過去」が清算されるものではないという厳粛な事実があるのも否定できない。これは単に「お言葉」の限界ではなく、象徴天皇制のもとで天皇が政治と無縁であることに規定されているからなのである。それがゆえに、日中間で「中国は（政治力のない）天皇の『お言葉』を『和解』の起点となるものと位置づけたのに対し、日本は（政治力がなくても）天皇のお言葉は『和解』の到達点として位置づけた」[126]とのズレが生じることになった。

一〇月二八日、天皇は、「各地で温かい歓迎を受けました。両国民がさらに相互理解と友好を深め合うことの重要さを改めて強く感じました」[127]と訪中を振り返った。こうして、歴史上初の天皇訪中は無事に終わった。二九日、中国外務省報道官は定例会見で、「初の天皇訪問は、両国関係史のうえで大きな出来事であり、双方の努力のもと、円満な成功を収めることができた」[128]と高く評価した。首席随員として随行した渡辺副総理・外相は三〇日の閣議で「両陛下の中国ご訪問は日中両国民間の友好親善を深めるうえで多大の成果をおさめられた。伝統的交流の歴史に新たな礎を築くものだった」と報告した[129]。両国の政府にとって、日中の友好親善ムードを内外に印象付ける所期の狙いは、おおむね達成された。

おわりに

李鵬訪日により実現間近かと思われた天皇訪中は、天安門事件の勃発によって遠のいてしまった。中国の孤立化を図るため、西側諸国が民主化や人権などを理由とした厳しい対応を行った。日本もまた「西側の一員」として第三次対中円借款も、天皇訪中も一時凍結させた。

日本側はこうした慎重な姿勢をしばらく維持した。これに対し、中国は日本の善処への期待をもっていたがゆえに、日本に対する失望と反発も起きることになった。このことは『人民日報』の天皇関連記事にもはっきり示されている。

しかし、日本側も事態の好転を望んでいたのであり、そのきっかけが「即位の礼」であった。日中要人の相互訪問を通して、天皇訪中の交渉が着実に進められた。また、鄧小平の「南巡講話」による保革対立の克服と宮沢政権による国内反対派への地ならし工作により、天皇訪中がようやく無事に実現したのである。

終　章　日中関係における天皇

以上、天皇訪中をめぐる歴史的経緯について、その時々の国際環境と日中双方の対外戦略を中心に検討してきた。本書における分析から導き出すことのできる結論を最後に提示しておきたい。

まず第一に指摘できるのは、中国の天皇（制）認識には、二つの側面があるということである。一つの側面は、日本国民に敬愛されているということを前提にし、共存可能な対象として天皇（制）をとらえるという認識である。この認識は抗日期の野坂参三によってもたらされた天皇（制）認識に源流を持つ。もう一つの側面は、中国人民に甚大な被害をもたらした侵略戦争の総指揮者として天皇（制）をとらえるという認識である。この場合、天皇（制）は戦争責任を負い、徹底的に批判すべき対象になる。この二つの側面のどちらが前面に出るのかは戦後の中国の対日政策によって変化した。その変化を引き起こす背景には、中国、日本の対外戦略があり、それは、その時々の国際環境に規定されていた。

では、日中の対外戦略はどのような国際環境下に置かれていたのだろうか。簡潔に言えば、日中の対外戦略を規定した国際環境とは、八〇年代までは米ソ冷戦、八〇年代後半からはポスト冷戦という国際環境だった。第三章で示したように、冷戦期にあって、特に天皇訪中問題に影響を与えたのが日中双方の対外戦略のなかでのソ連要因だった。それを具体的に示すのが「反覇権」をめぐる日中間の攻防であり、それが天皇訪中を長期に抑制してきたのである。冷戦期におけるソ連要因の重要性が、本書の分析を通じて導き出せる第二の論点である。

天皇訪中は日中接近の象徴であるとともに、ソ連を刺激する原因にもなった。中国側は反ソ戦略を推進するため日中接近を演出する手段として天皇訪中に積極的に取り組んだ。それに対して日本は、北方領土問題などを抱えるソ連を過度に刺激することを回避するという対ソ戦略に立ち、天皇訪中に慎重な姿勢を維持していた。日中間で八〇年代に築いた最良の「日中友好」関係のなかで、そして、昭和天皇に明確な訪中に対する熱意がありながら、訪中が実現できなかったことに、ソ連に対する日中の共通認識（日中平和友好条約（一九七八年）と米中国交正常化（一九七九年）が米中日三国協商の形成による反ソ統一戦線戦略の一環として機能しているという側面）[1]があったにもかかわらず、日本が三国協商の過度な緊密化による対ソ関係悪化を回避するため、その分岐も存在していたことを垣間見ることが出来る。

このような天皇訪中の障害となっていたソ連要因は冷戦の終焉とともに後退し消滅していき、天皇訪中は実現の方向へと動いていった。しかし、突然勃発した天安門事件が最後の障害となり、それを乗り越えることによって、天皇訪中がようやく実現したのである。その実現は、共通の対ソ認識に基づいた政治重視の「日中友好関係」に終止符を打つ象徴となったのである。

また、このような日中の対外戦略が円滑に進められるためには、それを担う国内政治体制の安定が不可欠だった。その意味で、天皇訪中問題は日中両国の国内政治とも深く結びついていたのであり、これが本書の第三の論点である。中国側においては、改革開放路線を進める鄧小平体制（特に市場経済体制）確立のプロセスが重要だった。一方、日本側では、田中派の流れを汲む竹下派に代表される中国側とのパイプを重視した親中国派が果たした役割は無視できない。

以上のように、天皇訪中実現に至るプロセスには、日中双方の内政、外交戦略が影響を与えていたのであり、両国の内政、外交における利害と認識の一致が外交懸案を解決に導くことになったのである。ただし、本書でも述べたように、日中の二国間関係だけで事態が進んだわけではない。米ソ両国は両陣営のトップとして冷戦期の国際関係を牛耳っていた。特に冷戦の勝者であるアメリカの影響を無視することはできない。一九七二年の日中国交正常化、七八年の日中平和友好条約の締結、そして八九年天安門事件の解決、これらの天皇訪中問題と緊密に関連している事件の裏にアメリカの影が随所に見られる。よって、むしろ、アメリカの影響力が事態の進展を左右する決定的な存在であるとも言えよう。その意味で、本書は天皇訪中実現のプロセスの解明を通して、戦後日中関係におけるアメリカの影響の重要性をも検証してきたのである。

最後に、天皇訪中の歴史的意義について考察したい。

天皇訪中から二五年後の二〇一七年に、中国特派員を務めた元朝日新聞主筆の船橋洋一は「いわゆる天皇外交カード幻想はあれで終わった」と天皇訪中における失敗の一面を認めながらも、「天皇訪中を歴史の区切りにしたいという思いが政府にはあって、国民も世論調査で七割が支持していた。その後の日中関係を見て全否定すべきではない。試みや方向性など、そこに込められた思いは尊いものがある」と評価した。また、東京大学名誉教授の御厨貴は「平成が三十年経過して、天皇の様々な事績を振り返ると、訪中は画期的だった。『不幸な時代があった』と表明したことは、長い目で見れば歴史的なメッセージになった」と評価した。さらに、ある外務省の幹部は「天皇が初めて中国を訪問したことは、外交上の大きな足跡として残っている。その後の日中関係は構造的に悪化する運命にあった。天皇訪中は無駄ではなく、成果があった」と述べている(2)。

いずれも、天皇訪中は日中関係を悪化させず、また、歴史問題にも一定の区切りをつけたという点で歴史的意義があったと評価している。筆者もまた、こうした評価に基本的には同意するが、いずれも一般的な評価にとどまっている。本書でも指摘したように、冷戦の終焉によりソ連要因という天皇訪中問題のブレーキになっていた対立点が消滅したことが大きく作用したとはいえ、日中双方の政府が、それぞれの国内政治における反発を抑え、世論の同意も得ながら実現させたことは評価すべきだろう。しかし、それと同時に、冷戦期に形成された日中関係は、ポスト冷戦の複雑な国際環境のなかで、さらには中国の急速な経済成長のなかで、緊張を孕んだものとなっていく。長年の懸案であった天皇訪中問題が実現したのは、冷戦からポスト冷戦への転換期にあたっていた。天皇訪中は、日中間の和解に向けての重要な画期となったものの、中国にとっては日中の「和解」の起点として、日本にとっては「和解」の到達点として受け止められた。このような認識の「ズレ」が日中間には存在していたのである。それゆえに、天皇訪中は日中間の歴史問題の一つの区切りになったが、これで日中間の歴史認識問題が解決したわけではなかった。結局、その認識の「ズレ」が、ポスト冷戦の時代に入って以降今日に至るまでの日中関係を規定していると言えるだろう。一九七二年九月の日中国交正常化は時代の産物であった。小倉和夫が指摘するように、「正常化」を「相当の時間」をかけて行う過程として捉えるならば、一九七二年に文書で実現した正常化が現在も進行中の「正常化」の起点にほかならない(3)。そして、一九九二年に実現した天皇訪中は、その「正常化」過程における画期的な出来事ではあっても、けっして終点ではないのである。

注

序章

(1) 本書における「天皇(制)」との表記は「天皇と天皇制」の意味である。
(2) 横田耕一(一九九〇)『憲法と天皇制』岩波書店、七〇-七二頁。中村政則(一九九二)『戦後史と象徴天皇』岩波書店、二四〇頁。
(3) 渡辺治(二〇〇一)『日本の大国化とネオ・ナショナリズムの形成――天皇制ナショナリズムの模索と隘路』桜井書店、二四頁、一二四頁。
(4) ケネス・ルオフ著、木村剛久・福島睦男訳(二〇〇三)『国民の天皇――戦後日本の民主主義と天皇制』共同通信社、二一五頁、二一八頁。
(5) 保阪正康(二〇〇九)『明仁天皇と昭和天皇』講談社、二七五頁。
(6) 舟橋正真(二〇一七)「『皇室外交』とは何か――『象徴』と『元首』」、吉田裕・瀬畑源・河西秀哉編『平成の天皇制とは何か――制度と個人のはざまで』岩波書店、九二頁。
(7) 例えば、趙徳芹・高凡夫(二〇〇六)「日本天皇裕仁与盧溝橋事変」『北京社会科学』四、四〇-四四頁。呉広義(二〇〇五)「日本侵華戦争与裕仁天皇的戦争責任」『日本学刊』四、一〇八-一一九頁。歩平(二〇〇一)「日本靖国神社問題的歴史考察」『抗日戦争研究』四、一六三-一八三頁。
(8) 蔣立峰(一九九一)『日本天皇列伝』東方出版社、一七〇-一七一頁。
(9) 王金林(二〇〇一)『日本天皇制及其精神結構』天津人民出版社、四八三頁。
(10) 賈璇(二〇一二)「日本政府対戦後天皇及皇室的利用」『湖北函授大学学報』二五(一二)、一〇五頁。賈璇(二〇一三)「戦後日本天皇与日本政治」『吉林師範大学学報(人文社会科学版)』一、六九頁。
(11) 小島朋之(一九九五)『アジア時代の日中関係――過去と未来』サイマル出版会。
(12) 毛利和子(二〇〇六)『日中関係――戦後から新時代へ』岩波書店。
(13) 岡部達味(二〇〇一)『中国をめぐる国際環境』岩波書店。
(14) 国分良成(二〇〇一)「冷戦終結後の日中関係――『七二年体制』の転換」『国際問題』四九〇、四二-五六頁。
(15) 川村範行(二〇一〇)「現代日中関係の発展過程――日中新協力体制の構築」『名古屋外国語大学外国語学部紀要』三九、一三五-

一五五頁。
（16）杉浦康之（二〇一二）「天皇訪中　一九九一～一九九二」、高原明生・服部龍二編『日中関係史――1972-2012 Ⅰ政治』東京大学出版会。
（17）城山英巳（二〇〇九）『中国共産党「天皇工作」秘録』文藝春秋。
（18）若宮啓文（二〇一四）『戦後七〇年――保守のアジア観』朝日新聞出版、三八一―三九一頁。
（19）史桂芳（二〇一四）『中国的対日戦略与中日関係研究（一九四九―）』中国社会科学出版社、二七九―二八二頁。牛軍（二〇一〇）『中華人民共和国対外関係史概論 一九四九―二〇〇〇』北京大学出版社、三二四―三二五頁。田曾佩（一九九三）『改革开放以来的中国外交』世界知識出版社、三六四―三六五頁。
（20）朱宗玉（一九九六）『从甲午戦争到天皇訪華――近代以来的中日関係』福建人民出版社、二二四―二三〇頁。
（21）李建民（二〇〇七）『冷戦後的中日関係史 一九八九―二〇〇六』中国経済出版社、四四―四五頁。徐之先（二〇〇二）『中日関係三十年』時事出版社、二一〇―二四六頁。
（22）梁雲祥（二〇一二）『日本外交与中日関係』世界知識出版社、一六四―一六九頁。

第一章

（1）劉建平（二〇〇七）「野坂参三与中国共産党的日本認識――新中国対日外交思想探源」『開放時代』六、八八頁。
（2）田酉如（一九九五）『中国抗日根拠地発展史』北京出版社、八頁。
（3）一九三九年一一月七日、山西省で八路軍の指導・援助の下で杉本一夫による「日本兵士覚醒連盟」が、同年同月一一日、中国共産党の支持で鹿地亘の提唱によって「在華日本人民反戦同盟」が組織された。さらに、一九四〇年七月二〇日、国民党地区の重慶に本部をおく「在華日本人民反戦同盟」が結成された。四〇年五月一日には延安にも森健、高山進らによる「反戦同盟延安支部」がつくられ、以後八路軍の援助と四〇年七月にモスクワから延安に入った野坂参三（岡野進）の指導により華北の日本人反戦組織が拡大した。四二年八月、覚醒連盟と反戦同盟は一本化して「反戦同盟華北連合会」となり、日本の敗北必至となった四四年四月、反戦同盟は戦争終結、軍部打倒、自由・民主の新日本建設をめざすより広い政治綱領を掲げる「日本人民解放連盟」に発展的に改組された。「Today in The History of Anti-Japanese War」二〇一五―一一―一九 理論文献審字〔二〇一五〕一一号 山西衛視（Shanxi Satellite TV station）（http://tv.cntv.cn/video/VSET100216763769/679473c466403de0382b61d0a4e5c44 最終アクセス日：二〇一八年六月五日）。

（4）Guenther Stein 著、馬飛海など訳（一九九九）『紅色中国的挑戦』上海訳文出版社、三九三頁。
（5）和田春樹（一九九六）『歴史としての野坂参三』平凡社、九九頁。
（6）一九二八年三月一五日、日本共産党とその同調者に対して加えられた大弾圧。京大日本史辞典編纂会（一九九二）『新編日本史辞典』東京創元社、四一八頁。
（7）ただし、野坂が「三二年テーゼ」にどこまで関与したかは疑わしいとの指摘もある。伊藤晃によれば、「三二年テーゼ」の基礎資料作成・分析である種の役割を果たし、テーゼ作成に実質的に関与した唯一の日本人は山本正美であったという。伊藤晃（二〇〇六）「書評と紹介 刊行委員会編監『山本正美治安維持法裁判――続／山本正美陳述集 裁判関係記録・論文集』」『大原社会問題研究所雑誌』五七二、六九頁。
（8）兵本達吉（二〇〇八）『日本共産党の戦後秘史』新潮社、六六頁。
（9）一九三六年二月に岡野（野坂参三）・田中（山本懸蔵）という変名で『国際通信』五月号で発表された。
（10）日本共産党中央委員会（一九八八）『日本共産党の六十五年（上）』日本共産党中央委員会出版局、七八頁。
（11）山辺健太郎（一九六四）『現代史資料〈一四〉――社会主義運動〈一〉』みすず書房、七七二頁。
（12）大森実（一九七五）『戦後秘史〈三〉――祖国革命工作』講談社、二四八頁。
（13）野坂の延安入りの背景、きっかけ、ルートなどの詳細については、野坂参三（一九八九）『風雪のあゆみ〈八〉』新日本出版社、和田春樹、前掲書、野坂参三（一九七二）『この五十年をふりかえって』新日本出版社を参照。
（14）毛沢東「持久戦について」、竹内実監修、毛沢東文献資料研究会編（一九八三）『毛沢東集〈六〉』蒼蒼社、一二八―一二九頁。なお、この論文は毛沢東が一九三八年五月二六日から六月三日まで延安抗日戦争研究会でおこなった講演を内容にしたものである。
（15）徐則浩（二〇〇一）『王稼祥年譜一九〇六―一九七四』中央文献出版社、二五二頁。
（16）野坂参三（一九八九）、前掲書、二八八頁。
（17）中共中央組織部など（二〇〇〇）『中国共産党組織史資料〈三〉――抗日戦争時期』中共党史出版社、六九頁に「日共主席の野坂参三が総政治部の顧問に任命された」と書かれているが、当時の野坂は日共主席ではなく、党中央委員、コミンテルン日本代表、コミンテルン執行委員であった。
（18）正式名称は中国共産党中央革命軍事委員会総政治部敵軍工作部である。略して敵工部とよぶ。日本軍の戦意を崩すための宣伝攻勢を強化するため、中国共産党中央軍事委員会は一九三七年九月、各部隊にできるだけ早く対日工作幹部を養成する命令を出した。それを受けて、八路軍や新四軍にそれぞれ一九三七年（当初の名は敵軍工作科）と一九三九年に敵軍工作部が設立された。各部隊の敵軍工作部を率いるのは、中国共産党中央革命軍事委員会総政治部敵軍工作部である。「抗戦期間成立的敵訓隊」『人民政協報』、二〇一六年七月二八日。
(19) 大森実、前掲書、二四九頁。
(20) 水谷尚子（二〇〇六）『「反日」以前――中国対日工作者たちの回想』文藝春秋、一一二頁。
(21) 中共中央書記処編（一九八一）『六大以来――党内秘密文件〈下〉』人民出版社、三二一頁。
(22) 大森実、前掲書、二四八–二四九頁。
(23) 同上、二四九頁。
(24) 野坂は一九四〇年一〇月に『敵国彙報』に投稿した「『大政翼賛運動』とはなにか――日本のファシズムについて」のなかで、「日本の国民の脳裏に植え付けられている、天皇にたいする神秘的な半宗教的な観念」と示した。野坂参三（一九六五）『野坂参三選集〈戦時編〉』日本共産党中央委員会出版部、二六七頁。
(25) 劉建平、前掲論文、八二頁。
(26) 解放連盟の草案に書かれた最高綱領と最低綱領は毛沢東の「新民主主義論」からの影響がはっきりと看取できる。
(27) 寺出道雄・徐一睿（二〇一一）「毛沢東の野坂参三宛て書簡」『三田学会雑誌』一〇四（二）、三二一–三二三頁。
(28) 劉建平、前掲論文、八七頁。
(29) 添谷芳秀（一九九一）「東アジアの『ヤルタ体制』」『法學研究』六四（二）、三四頁。
(30) 同上、五二頁。
(31) 石川真澄、山口二郎（二〇一〇）『戦後政治史』岩波書店、三一頁。
(32) 「岡野進議会質問政府　揭露憲草非民主性　反対天皇保留絲毫政治特権」『人民日報』、一九四六年八月一日。
(33) 「麦克阿瑟是怎様管制日本的」『人民日報』、一九四六年八月一一日。
(34) 「美国反動派扶持日寇　為記念『九一八』而作」『人民日報』、一九四六年九月二一日。
(35) スターリンの指示により、ソ連は極東国際軍事裁判の参与検察官会議において天皇訴追を提起しなかった。粟屋憲太郎・NHK取材班（一九九四）『東京裁判への道』NHK出版、一四四–一六二頁。
(36) 「蘇連政府致我国政府照会 提議設国際特別軍事法庭審判裕仁等日本細菌戦犯」『人民日報』、一九五〇年二月五日。
(37) 中共中央文献研究室編（二〇一三）『毛沢東年譜（一九四九―一九七六）〈一〉』中央文献出版社、八九頁。
(38) 城山英巳（二〇一五）「毛沢東の『天皇観』形成過程に関する研究――終戦～冷戦期、国際情勢変容の中で」『ソシオサイエンス』

（早稲田大学）二一、八五頁。
(39)「日本人民解放的道路」『人民日報』、一九五〇年一月一七日。
(40) 毛沢東のソ連訪問の日程は、一九四九年一二月六日北京を出発し、一六日にモスクワに到着、一九五〇年二月一七日にモスクワを離れ、三月四日北京に戻った。中共中央文献研究室編（二〇一三）『毛沢東年譜（一九四九―一九七六）〈一〉』中央文献出版社、五七-九九頁。
(41) 石井修（一九八六）「米国にとっての日本問題――一九五四年夏」『アメリカ研究』二〇、一七〇頁。
(42) 秋元書房編集部編・訳（一九七二）『周恩来語録』秋元書房、九二頁。
(43) 外務省アジア局第二課（一九五五）「中華人民共和国政府およびソヴィエト社会主義共和国連邦政府の日本に対する関係についての共同宣言」『中共対日重要言論集――一九五二年十二月一日より一九五五年三月末まで』外務省アジア局中国課、一二二頁。
(44) 一九五五年八月一七日と一一月四日、中国側が二度と日本側に両国関係正常化問題について討議しようと提案したのに、日本側から返答がなかった。田桓（一九九六）『戦後中日関係文献集1945-1970』中国社会科学出版社、二六四頁。
(45)「第二十四回国会参議院　外務委員会議録　第二十四号」『官報』、一九五六年三月二九日。
(46)「歓迎鳩山首相的表示」『人民日報』、一九五六年四月一日。
(47) 中共中央文献研究室編（二〇一三）『毛沢東年譜（一九四九―一九七六）〈二〉』中央文献出版社、六一五頁。
(48)「首相の立ち寄り望む　見本市で毛主席が語る」『朝日新聞』、一九五六年一〇月七日。
(49)「岸首相東南亜歴訪：中立政策とらぬ――岸・蒋会談で首相反共への要請に答う」『毎日新聞』、一九五七年六月四日。
(50)「加強軍隊的軍国主義思想 日本天皇接見三軍将領」『人民日報』、一九六〇年一一月四日。
(51)「佐藤美化天皇　篡改歴史　為軍国主義招魂」『人民日報』、一九六九年六月二八日。
(52)「戦前日本的天皇制」『人民日報』、一九七〇年九月三日。
(53)「日本反動派力図恢復〝天皇制〟要重建封建的軍事法西斯専政　再走対外侵略拡張的老路」『人民日報』、一九七一年六月一一日。
(54) 同上。
(55) 毛里和子・増田弘訳（二〇〇四）『周恩来・キッシンジャー機密会談録』岩波書店、九六頁。
(56) 永野信利（一九八三）『天皇と鄧小平の握手――実録・日中交渉秘史』行政問題研究所出版局、八八-八九頁。

第二章

(1) 井上正也（二〇一〇）『日中国交正常化の政治史』名古屋大学出版会、五四四頁。
(2) 「『小異』の難題なお重く（証言日中共同声明　国交正常化二五年：下）」『朝日新聞』、一九九七年八月二八日。
(3) 栗山尚一（二〇一六）『戦後日本外交――軌跡と課題』岩波書店、一三〇頁。
(4) 「『小異』の難題なお重く（証言日中共同声明　国交正常化二五年：下）」『朝日新聞』、一九九七年八月二八日。
(5) 「北京・ワシントン・モスクワへの旅」（『文藝春秋』編集部による大平外相へのインタビュー）大平正芳記念財団（一九九六）『在素知贅――大平正芳発言集』大平正芳記念財団（http://ohira.org/wp-content/uploads/book/zc/zc_36.pdf　最終アクセス日：二〇二〇年一月二八日）。
(6) 外務省（一九七三）「わが外交の近況（外交青書）」昭和四八年版（第一七号）（https://www.mofa.go.jp/mofaj/gaiko/bluebook/1973/s48-contents.htm　最終アクセス日：二〇二〇年一月二八日）。
(7) 「日本堅持要求蘇聯帰還北方領土 官方和社会輿論反撃蘇聯的無理指責和威脇」『人民日報』、一九七二年一二月二日。
(8) 中国共産党第一〇回全国代表大会の新聞公報では、「国際では、われわれはかならず、プロレタリア国際主義を堅持し、党の一貫した政策を堅持し、全世界のプロレタリア階級、被抑圧人民、被抑圧民族との団結をつよめ、帝国主義の侵略、転覆、干渉、支配、侮辱をうけているすべての国との団結をつよめ、もっとも広範な統一戦線を結成して、帝国主義と新旧植民地主義、とりわけ米ソ両超大国の覇権主義に反対しなければならない。われわれは全世界のすべての真のマルクス・レーニン主義の政党、組織と団結して、現代修正主義に反対する闘争を最後までおしすすめなければならない」と報じた。「在中国共産党第十次全国代表大会上的報告」『人民日報』、一九七三年九月一日。
(9) 牛軍（二〇一〇）、前掲書、二四一頁。
(10) 緒方貞子著 添谷芳秀訳（一九九二）『戦後日中・米中関係』東京大学出版会、一四七頁。
(11) 「第七十四回国会　参議院会議録〈二〉（その二）」『官報』、一九七四年一二月一四日。
(12) 若月秀和（二〇〇六）『「全方位外交」の時代――冷戦変容期の日本とアジア・一九七一～八〇年』日本経済評論社、一〇二－一〇四頁。
(13) 平野実（一九七九）『外交記者日記――宮沢外交の二年〈上〉』行政通信社、一五一－一五二頁。
(14) 若月秀和（二〇〇六）、前掲書、一一四頁。
(15) 宮内庁（二〇一八）『昭和天皇実録〈十六〉』東京書籍、二六一頁。「機会があれば訪中も」『朝日新聞』、一九七五年九月二九日。

(16)「天皇・皇后両陛下ご訪米の波紋（上）」『朝日新聞』、一九七五年一〇月一六日。
(17)「我駐日大使陳楚奉調回国」『人民日報』、一九七六年一二月二二日。
(18)一九七六年一月にソ連のグロムイコ外相が来日した際、日ソ外相会談において日中交渉への不満を表明し日本を強く牽制した。「『日中』に強い関心　領土、具体的発言避ける　ソ連外相会見」『朝日新聞』、一九七六年一月一三日。
(19)中共中央文献研究室（一九九八）『鄧小平思想年譜（一九七五―一九九七）』中央文献出版社、三九頁。
(20)一九七八年二月末、中国では三年ぶりに第五期全国人民代表大会が開かれた。華国鋒は政府工作報告の中で、階級闘争の継続を掲げ、先進国からの大型プラント導入を含む国民経済発展十年計画を提示した。この大掛かりな計画の裏づけとなったのが、二月一六日に締結された日中長期貿易取決めである。また、同大会では憲法改正も行われた。その前文には「三つの世界理論」の堅持が謳われ、最も広範な国際統一戦線を結成して新しい世界戦争に反対することが誓われた。なお政府工作報告では初めて「西欧その他の第二世界の国家」がソ連への対抗勢力として力をつけてきていると言及された。「団結起来、為建設社会主義的現代化強国而奮斗　一九七八年二月二十六日在第五届全国人民代表大会第一次会議上的政府工作報告」、「关于修改憲法的報告　一九七八年三月一日在中華人民共和国第五届全国人民代表大会第一次会議上的報告」『人民日報』、一九七八年三月七日、八日。
(21)永野信利、前掲書、一八五―一八六頁。
(22)増田弘（二〇一六）『戦後日本首相の外交思想――吉田茂から小泉純一郎まで』ミネルヴァ書房、二六一頁。
(23)「カーター大統領、ソ連の軍拡を非難」『毎日新聞』、一九七八年三月一八日。
(24)陶文釗（二〇〇四）『中美関係史』上海人民出版社、五六七―五六八頁。
(25)「日米首脳会談で合意　アジアの均衡崩さぬ」『毎日新聞』、一九七八年五月四日。
(26)福田は首相時代、ソ連首脳と太いパイプを持つ松前重義東海大学総長を通して、対ソ関係の打開を試みていた。詳しくは、松前重義（一九八六）『私の民間外交二十年――日本対外文化協会二十年の記録』日本対外文化協会・東海大学出版会、一四九―一六〇頁を参照。

第三章

(1)裴華（二〇〇二）『中日外交風云中的鄧小平』中央文献出版社、一八〇頁。
(2)このことは、当時外務省アジア局中国課長で、天皇の通訳を担当した田島高志の回想で明らかになった。彼は次のように証言した。「（昭和天皇と鄧小平との）会談内容は、過去のこととはいえ、皇居内での会談であるので、この回想記でその全体を明らかにすることは当然控えるべきである。しかし、日本側各紙の報道が正確さを欠いた部分については、その内容が日中関係の歴史上に重要な意義があったとの観点から、その部分の真相を明らかにしておくべき義務が著者にはあるのではないかと考える。また、知人友人である多くの研究者や専門家から真相を記録に残すべきであると強く勧められていることもあるので、ここに初めて証言をさせて頂きたい」。田島高志（二〇一八）『外交証言録――日中平和友好条約交渉と鄧小平来日』岩波書店、一一六－一一七頁。

（3）田島高志、前掲書、一一七－一一八頁。
（4）「裕仁天皇接見鄧副総理進行友好談話」『人民日報』、一九七八年一〇月二四日。
（5）田島高志、前掲書、一二〇頁。
（6）田島高志、前掲書、一二〇－一二二頁。
（7）「日本政府の姿勢問う中国　『反日』鎮めも狙い　天皇訪中」『朝日新聞』、一九八六年三月二〇日。
（8）「鄧、華氏訪日時　天皇陛下を招請」『毎日新聞』、一九八六年三月二〇日。
（9）永野信利、前掲書、三二四－三二五頁。
（10）「平和の維持で日中一致　第一回首脳会談のやりとり　福田首相　トウ副首相」『朝日新聞』、一九七八年一〇月二四日。
（11）田島高志、前掲書、一四一頁。
（12）「福田・鄧　第二回会談　『戦争の危険ない』　中国近代化協力でも一致」『毎日新聞』、一九七八年一〇月二五日。
（13）「至上の国是・近代化　トウ氏訪日にその決意をみた」『毎日新聞』、一九七八年一〇月三一日。
（14）宮城大蔵（二〇一五）『戦後日本のアジア外交』ミネルヴァ書房、一七九頁。
（15）楊振亜（二〇〇七）『出使東瀛』上海辞書出版社・漢語大詞典出版社、一二〇頁。「鄧、華氏訪日時　天皇陛下を招請」『毎日新聞』、一九八六年三月二〇日。「［新編・戦後政治］／二五　昭和天皇は…　『謝罪』にも差があった」『毎日新聞』、一九九一年九月二二日。
（16）「皇太子ご夫妻のご訪中も検討課題　実現は六二年春以降の線」『朝日新聞』、一九八六年三月一二日。
（17）「外務省『日本を刺激する発言は訪日成果損なう』尖閣問題言及に懸念　王貞治氏への始球式検討　一九八〇年、中国首相の初来日」『産経新聞』、二〇一七年一月一二日。
（18）小川祐介（二〇〇九）「大平正芳政権の対外政策――デタントと新冷戦の狭間で、マルチラテラルとバイラテラルの追求」『政治学研究』四一、三七頁。
（19）内閣官房内閣審議室分室・内閣総理大臣補佐官室編（一九八〇）『大平総理の政策研究会報告書〈五〉総合安全保障戦略』大蔵省印刷局、六三－六四頁。

(20) 若月秀和（二〇一七）『冷戦の終焉と日本外交――鈴木・中曽根・竹下政権の外政一九八〇～一九八九年』千倉書房、一一七頁。
(21)「中国共産党第十二次全国代表大会開幕詞」『人民日報』、一九八二年九月二日。
(22) 牛軍（二〇一二）『冷戦与中国外交決策』九州出版社、一五二―一六〇頁。
(23) 神田豊隆（二〇一三）「一九八〇年代の冷戦と日本外交における二つの秩序観――中曽根政権の対中外交を軸として」『アジア太平洋討究』（早稲田大学）一九、六六頁。
(24) 若月秀和（二〇一七）、前掲書、一六九頁。
(25) 服部龍二（二〇一五）「中曽根康弘首相・全斗煥大統領会談録――一九八三年一月」『中央大学論集』三六、五四―五六頁。
(26) 中曽根康弘（二〇一二）『中曽根康弘が語る戦後日本外交』新潮社、三〇四―三〇五頁。
(27) 服部龍二（二〇一一）「中曽根・胡耀邦会談記録――一九八三、八四、八六年」『総合政策研究』一九、一六五頁。
(28) 中曽根康弘、前掲書、三五〇―三五一頁。
(29) 一九八三年一二月三〇日の日記の記述。世界平和研究所編（一九九五）『中曽根内閣史――資料篇』世界平和研究所、六三七頁。
(30)「二一世紀への友好――中曽根首相、訪中」『中日ニュース（号数：一四七七―一）』中日映画社、一九八四年四月一六日公開。
(31)「首相訪中：日中首脳会談で『成熟した関係』めざす――交流拡充を提唱へ」『毎日新聞』、一九八四年三月一六日。
(32) 中曽根康弘、前掲書、三五六―三五七頁。
(33) 田中明彦（一九九一）『日中関係一九四五―一九九〇』東京大学出版会、一三二頁。
(34) 岩見隆夫（二〇〇五）『陛下の御質問――昭和天皇と戦後政治』文藝春秋、六六―六七頁。
(35) 常陸宮夫妻がマレーシア、シンガポール両国を訪問のため、一九八四年二月一三日に出発予定されていた。
(36) 入江相政（一九九一）『入江相政日記〈第六巻〉』朝日新聞社、三三一頁。
(37) 同上、三四七頁。しかし、中曽根は「天皇自身はいずれ訪中したいという気持ちはあったようです。私が天皇陛下の考えを直接聞いた事はないです」と語った。中曽根康弘、前掲書、三七九―三八〇頁。
(38)「皇太子ご夫妻のご訪中も検討課題　実現は六二年春以降の線」『朝日新聞』、一九八六年三月一二日。
(39) 世界平和研究所編（一九九五）『中曽根内閣史――理念と政策』世界平和研究所、三三二頁。一九八七年九月、昭和天皇の沖縄訪問中止が発表された。「両陛下の沖縄訪問、宮内庁が正式発表　三月二七～二九日」『朝日新聞』、二〇一八年三月五日。
(40) 若月秀和（二〇一七）、前掲書、二六八―二六九頁。
(41)「安倍外相と会議――ゴ書記長からの親書携行を明らかに」『毎日新聞』、一九八五年九月一三日。「ゴルバチョフ親書――共通の言葉見つけようと対話を訴え」『毎日新聞』、一九八五年九月一四日。「『アジア安保理解を、共通の言葉見つけたい』首相にソ連書記長親書」『朝日新聞』、一九八五年九月一四日。
(42)「アジア重視印象づけ　ソ連書記長の安保構想」『朝日新聞』、一九八五年九月一七日。「社会党　石橋委員長訪ソ：ゴ書記長、全アジア安保会議構想で七項目の内容を示す」『毎日新聞』、一九八五年九月一七日。
(43) 若月秀和（二〇一七）、前掲書、三五八―三五九頁。
(44) 皇太子訪中をめぐる日本側の具体的な動きは田中清玄の訪中に始まった。田中清玄は、一九八〇年四月一四日に鄧小平と会見した。会談の席上、田中が皇太子の訪中を持ちかけた。田中は、皇太子の訪中が昭和天皇の訪中の露払いとなり、また自民党や右派の反対に対する布石であると述べた。それに対して、「ぜひやりましょう」と鄧小平は即答した上、昭和天皇の訪中も歓迎するとも述べた。しかしこの会談は外交の表舞台にすぐさま上がることはなかった。田中清玄（一九九三）『田中清玄自伝』文藝春秋、二九二―二九三頁。
(45)「皇太子ご訪韓　純粋な『親善』の形に　絡む首相任期・韓国政情」『朝日新聞』、一九八六年一月一日。
(46)「幻に終わった皇太子『訪韓』　戦後七〇年、日韓国交正常化五〇年　朴政権への不信、『政治利用』を警戒か」『週刊朝日』、二〇一五年二月二七日。
(47)「韓国政府、皇太子殿下の訪韓望む」『朝日新聞』、一九八五年一〇月三一日。「皇太子殿下訪韓に強い意欲表明――李駐日大使」『毎日新聞』、一九八五年一一月七日。「『皇太子訪韓の要請は唐突』　外務省首脳」『朝日新聞』、一九八五年一一月七日。
(48)「皇太子ご夫妻が韓国へ　今年秋を目標に政府が日程検討」『朝日新聞』、一九八六年一月一日。
(49)「皇太子ご夫妻の訪韓年内実現説を韓国通信社伝える――聯合通信『日本政府が年内実現の方針伝えた』」『毎日新聞』、一九八六年一月四日。
(50)「『韓国に打診の事実はない』　外務省筋語る」『毎日新聞』、一九八六年一月四日。「『皇太子ご夫妻訪韓協議はしていない』　韓国外務省当局者」『毎日新聞』、一九八六年一月五日。
(51)「皇太子ご夫妻訪韓要請受け検討中　衆院委で外相答弁」『朝日新聞』、一九八六年二月一二日。
(52) 訪中計画より、訪韓計画を先行した理由として、(一) 韓国側から招請の希望がずっとあったこと、(二) いきなり、皇太子訪中の計画を公表すると、天皇の政治利用という懸念がどうしも払拭できないので、全斗煥訪日の答礼として訪韓の正当性を得て、天皇の政治利用という懸念を払拭したことによって、訪中計画の突然性も軽減されることが考えられる。
(53)「皇太子ご訪中は今後の検討課題　首相が明かす」『朝日新聞』、一九八六年三月一二日。

(54)「皇太子殿下の訪中招請でコメント避ける――中国外務省」『毎日新聞』、一九八六年三月六日。
(55)「皇太子ご訪中問題、非公式協議認める　章曙駐日大使」『朝日新聞』、一九八六年三月一四日。
(56)章大使の発言を受けて、「外務省首脳も一四日夕、皇太子の訪中問題が四月一一日に呉学謙外相を迎えて行われる日中外相定期協議の議題になるとの見通しを明らかにした。この問題について、政府は『中国側から公式な打診は一切なく、白紙の状態』（外務省高官）としてきたが、公式に両国間の問題として取り上げる方針を固めたわけだ」。しかし、その後行われた日中外相定期協議に関する日中双方の報道には、議題となった皇太子の訪中問題に関する内容が見当たらなかった。「皇太子ご夫婦の訪中　中国大使、前向き発言　『特別な問題はない』」『毎日新聞』、一九八六年三月一五日。
(57)「〝皇室訪中〟支障ない、日本政府の出方待つ――中国外務省声明」『毎日新聞』、一九八六年三月二〇日。
(58)「日本側が環境整えれば『天皇陛下の訪中望む』中国側が示唆」『朝日新聞』、一九八六年三月二〇日。
(59)「『皇太子ご訪中は韓国の後』　安倍外相」『朝日新聞』、一九八六年三月二〇日。
(60)「皇太子ご訪中、首相の〝頭越し外交〟に外相・外務省が反発」『朝日新聞』、一九八六年三月三〇日。
(61)「皇太子ご夫妻の訪中にも積極姿勢――胡総書記も『歓迎』表明」『毎日新聞』、一九八六年三月二四日。
(62)「皇族訪中、中国の歓迎伝達　公明書記長、首相に訪中報告」『朝日新聞』、一九八六年四月二日。
(63)「皇太子ご訪中で首相と外相の食い違い鮮明に」『毎日新聞』、一九八六年四月二日。
(64)『朝日新聞』と『毎日新聞』のデータとの照合結果によるもの。
(65)一九八六年三月には日韓両政府が、皇太子夫妻が同年秋に訪韓する方向で調整していると発表した。しかし、その後、韓国では世論が割れた。新民党や民主化推進協議会（民推協）など韓国の野党勢力は「日本は韓国の独裁政権を支持している」などの理由で皇太子夫妻の訪韓反対の声明を発表していた。七月に入ると、日韓両国内で、「皇室を政治利用するものだ」などを理由に、反対する動きが一層強まり、皇太子の訪韓を延期せざるをえなくなった。八月二〇日になって、日韓両国政府は、秋に予定されていた皇太子の訪韓の延期を正式に発表した。「皇太子ご夫妻の韓国訪問問題、新民党が一転反対」『朝日新聞』、一九八六年三月一八日。「皇太子ご夫妻の訪韓延期　韓国情勢など配慮」『朝日新聞』、一九八六年七月二〇日。「皇太子ご夫妻の韓国訪問延期、日韓が発表」『朝日新聞』、一九八六年八月二一日。
(66)「副首相、皇太子のご訪中歓迎」『朝日新聞』、一九八六年八月三〇日。
(67)ヴィクトル・クジミンコフ（二〇〇六）「ゴルバチョフ政権の対日政策　一九八五・一九九一年」『神戸法學雜誌』五六（一）、二〇九頁。

（68）「日ソ両首脳の相互訪問、『政治日程に』　ソ連書記長、意欲表明」『朝日新聞』、一九八六年七月二九日。
（69）「『訪日は必要』――ゴルバチョフ書記長、不破委員長との会談を前に記者団に語る」『毎日新聞』一九八六年八月一二日。「ソ連書記長、不破氏と会談　訪日『ぜひとも必要』」『朝日新聞』、一九八六年八月一二日。
（70）「ソ連外務次官、『書記長訪日近く決定』」『朝日新聞』、一九八六年八月二八日。
（71）「中ソ関係の新局面を見守る」『朝日新聞』、一九八六年八月二七日。
（72）「ソ連書記長演説に中国が公式表明　カンボジア問題に『不満』」『朝日新聞』、一九八六年八月一四日。
（73）宮下明聡（二〇一七）『ハンドブック戦後日本外交史――対日講和から密約問題まで』ミネルヴァ書房、一七四頁。
（74）宮城大蔵、前掲書、二〇〇頁。
（75）胡耀邦が辞任に追い込まれた理由として、「ブルジョワ自由化」傾向への軟弱な対応が主に問われたが、党中央に無断で三〇〇〇人の日本青年を招いたことも胡耀邦に対する批判の一部を成した。国分良成・添谷芳秀・高原明生・川島真（二〇一三）『日中関係史』有斐閣、一六三頁。
（76）国分良成・添谷芳秀・高原明生・川島真、前掲書、一六三頁。

第四章

（1）光華寮裁判とは、中華民国（台湾）と中華人民共和国両政府が京都の留学生寮である「光華寮」の所有権の争いをめぐって、日本の裁判所に提起した民事裁判である。日中間の外交問題に発展したことから、光華寮事件、光華寮問題などとも呼ばれる。
（2）田中明彦（二〇〇七）『アジアのなかの日本』ＮＴＴ出版、七六頁。竹下首相の外交方針について、「竹下総理の『世界に貢献する日本』も、村田次官の『国際協力構想』も、八〇年代前半に、日本は世界第二の経済大国に相応しい国際責任を担おうとしないとの国際的批判が高まり、そうした批判への対応に追われる防御的な外交から脱却し、より主導的な外交を展開すべきである、との認識から生まれたものといえる」との指摘がある。栗山尚一、前掲書、一七九頁。
（3）「第一一一臨時国会での竹下首相の所信表明演説（全文）」『朝日新聞』、一九八七年一一月二七日。
（4）「竹下首相の施政方針演説（全文）」『朝日新聞』、一九八八年一月二五日。
（5）若月秀和（二〇一七）、前掲書、五五六頁。
（6）「趙総書記、竹下首相を公式に招請」『朝日新聞』、一九八七年一一月二〇日。
（7）「政府工作報告――一九八八年三月二五日在第七届全国人民代表大会第一次会議上」『人民日報』、一九八八年四月一五日。

（8）「首相訪中の成果と課題　経済テコに日中友好、政治摩擦に気配り」『朝日新聞』、一九八七年八月三一日。
（9）「竹下首相在西安発表《尋求新的飛躍》講演　唯有和平才是日本応走的路　祝愿中国実現四化長治久安」『人民日報』、一九八八年八月三〇日。「日中文化協力を拡大　若者交流の充実提案　首相、西安で講演」『朝日新聞』、一九八八年八月二九日。
（10）「竹下登首相挙行記者招待会　就中日关系和国際形勢答記者問」『人民日報』、一九八八年八月二八日。
（11）「竹下首相と中国側の思惑一致　『日中新時代』へ協力約束」『朝日新聞』、一九八八年八月二七日。
（12）「首相訪中の成果と課題　経済テコに日中友好、政治摩擦に気配り」『朝日新聞』、一九八八年八月三一日。
（13）「中ソ正常化へ急進展」『毎日新聞』、一九八八年八月一八日。
（14）「『中ソ関係は早いテンポで進展か』——中島中国大使が見解」『毎日新聞』、一九八八年八月二三日。
（15）若月秀和（二〇一七）、前掲書、五六四頁。
（16）「竹下首相の中国・西安記念講演〈要旨〉」『朝日新聞』、一九八八年八月二九日。
（17）「第三次円借款も日中投資保護協定も八八年八月の竹下総理訪中時に署名の運びに至りました。こうしてぎくしゃくしていた関係を鎮静化させ、日中関係を盛り上げるセットはできた」という中島大使の回想にあるように、当時の竹下政権では新たな日中関係の構築手段は経済力であると考えていた。中島敏次郎（一九九七）「歴代駐中国大使が語る日中二五年史——天安門事件の発生」『外交フォーラム　臨時増刊　中国』都市出版、一三二頁。
（18）天皇訪中問題において、日本政府はソ連に対する強い配慮と異なり、米国と韓国が同じ陣営であるから、一定の配慮は必要ではあるが、ある程度の調整で理解が得られると思う。
（19）田中明彦（一九九一）、前掲書、一七一—一七二頁。
（20）「日本天皇裕仁病逝　明仁皇太子即位　楊尚昆李鵬致唁電　我外交部発言人対裕仁逝世表示哀悼」『人民日報』、一九八九年一月八日。
（21）「『天皇論』さまざま——天皇ご逝去で世界のマスコミの論調」『毎日新聞』、一九八九年一月八日。
（22）「新天皇陛下に好意的報道——韓国」『毎日新聞』、一九八九年一月八日。
（23）「新時代の日韓関係を展望——天皇陛下ご逝去で韓国各紙の論調」『毎日新聞』、一九八九年一月八日。
（24）「首相『謹話』で『天皇に戦争責任はなかった』との政府見解」『毎日新聞』、一九八九年一月七日。
（25）「『天皇に戦争責任ない』の首相謹話　中国は報道せず」『毎日新聞』、一九八九年一月一〇日。
（26）「姚依林等吊唁裕仁天皇逝世　楊尚昆李鵬王震等送花圈」『人民日報』、一九八九年一月九日。

(27)「首相謹話への反発、政府は事態静観　首相、具体的コメント避ける」『毎日新聞』、一九八九年一月月一〇日。
(28)中韓の国交が樹立される前であるこの時期に、韓国の情報について中国側はピョンヤンにある各機構から入手する手段があった。本記事は新華社が自社の平壌支社から情報を得て作成したものを転載した人民日報の記事である。
(29)「日本占領朝鮮三六年　未見天皇表示歉意　南朝鮮輿論反対盧泰愚参加裕仁葬礼」『人民日報』、一九八九年一月一一日。
(30)「日本社会党委員長発表談話指出　昭和天皇対戦争負有責任」『人民日報』、一九八九年一月一九日。
(31)「竹下推称二戦性質応由后世史学家評価　日内閣法制局長官説昭和天皇无戦争責任」、「竹下為昭和天皇開脱戦争責任　声称応由補佐天皇的国務大臣承担」『人民日報』、一九八九年二月一六日、一七日。
(32)「我国外交部発言人指出　二次大戦性質責任　任何人也改変不了」『人民日報』、一九八九年二月一七日。
(33)「日本当局為什麼在侵華戦争性質問題上倒退?　歴史学家劉大年二十日在人大常委会会議上的発言」『人民日報』、一九八九年二月二一日。
(34)「前往参加大平正芳首相的葬礼　華総理离京到达東京」『人民日報』、一九八〇年七月九日。
(35)「日政府為裕仁挙行国葬」『人民日報』、一九八九年二月二五日。
(36)「竹下登会見銭其琛　銭外長強調正確対待歴史　才能堅持中日友好」『人民日報』、一九八九年二月二五日。
(37)「竹下首相・銭中国外相会談の主なやりとり」『朝日新聞』、一九八九年二月二五日。
(38)「一九八九年国務院政府工作報告――堅決貫徹治理整頓和深化改革的方針」中国中央政府ポータルサイト(http://www.gov.cn/test/2006-02/16/content_200875.htm　最終アクセス日:二〇一九年一〇月一八日)。
(39)「『実務型』きまじめ宰相　淡々と日程こなした李鵬氏」『朝日新聞』、一九八九年四月一五日。
(40)「李鵬首相訪日で日中『成熟した関係に』――課題は個別分野摩擦」『毎日新聞』、一九八九年四月一六日。
(41)「李首相『歴史問題、慎重に』　中国の近代化に協力約束　日中首脳会談」『朝日新聞』、一九八九年四月一三日。
(42)「天皇の訪中要請か　中国・李首相訪日時に」『毎日新聞』、一九八九年三月一四日。
(43)「両陛下の訪中、李首相来日で招請の可能性」『朝日新聞』、一九八九年三月二六日。
(44)「天皇陛下の訪中・訪韓、本格的に準備作業――政府決定」『毎日新聞』、一九八九年四月一四日。
(45)「天皇訪中の準備急ぐ　実現、「即位の礼」後　政府方針」『朝日新聞』、一九八九年四月一四日。
(46)「天皇陛下、中国李鵬首相と会見」『週刊朝日』、一九八九年四月二五日。
(47)「李鵬在東京答中外記者問　闡述中日中蘇関係」『人民日報』、一九八九年四月一五日。

(48)「天皇陛下、中国李鵬首相と会見」『週刊朝日』、一九八九年四月二五日。
(49)「『政治対話、深まった』　政府、李鵬・中国首相の訪日を評価」『朝日新聞』、一九八九年四月一六日。
(50)「竹下内閣支持率軒並み〝超〟低空飛行――報道各社の世論調査」『毎日新聞』、一九八九年三月一七日。後藤謙次（二〇一四）『平成政治史〈一〉』岩波書店、一七―一八頁。
(51)「婦人有権者同盟が竹下内閣の退陣を要求」、「政局の決戦場は四月に――矢野公明党委員長が表明」、「議員総辞職運動を採択　内閣退陣要求を補強――社民連党大会」、「政局、流動化は必至　自民党内に公然と首相退陣論」、「『自民は人心一新を』　河本氏が『竹下退陣』要求を示唆」、「自民内に署名運動の動き　『首相のけじめ』求め」、「四野党党首、『竹下退陣』要求で一致　連合政権協議会を設置」『毎日新聞』、一九八九年三月二三日、二四日、二六日、四月七日、八日。
(52)「竹下首相のリクルート関係釈明に関する質疑詳報――衆院予算委」『毎日新聞』一九八九年四月一一日。
(53)「『責任を痛感』　竹下首相が退陣表明会見」『朝日新聞』、一九八九年四月二五日。
(54)「『後継首相は伊東さん』　訪中の宇野外相、中国側へ異例の発言」『朝日新聞』、一九八九年五月八日。
(55)「『後継首相は伊東さん』　訪中の宇野外相、中国側へ異例の発言」『朝日新聞』、一九八九年五月八日。
(56)「天皇陛下、中国李鵬首相と会見」『週刊朝日』、一九八九年四月二五日。

第五章

(1)徐承元（二〇〇四）『日本の経済外交と中国』慶應義塾大学出版会、一七三頁。
(2)「対中新規援助を凍結　第三次円借款など　外務省方針」『朝日新聞』、一九八九年六月二一日。
(3)「中国政府にみる『外松内緊』（天声人語）」『朝日新聞』、一九九〇年六月二七日。
(4)田中明彦（一九九一）、前掲書、一八五頁。
(5)「老天皇遺産二十億　新天皇継承須納税」、「日本処理昭和天皇遺産」『人民日報』、一九八九年六月三〇日、七月九日。
(6)「日本現任和前任首相反対制裁中国」『人民日報』、一九八九年七月一一日。
(7)「日本天皇会見国内外記者　表示愿増進同各国的理解与友誼」『人民日報』、一九八九年八月五日。
(8)「洪水禍、中国に緊急援助へ　ODA凍結は不変」『朝日新聞』、一九八九年八月八日。
(9)「『天皇に戦争責任』と長崎市長が市議会で答弁」『毎日新聞』、一九八八年一二月八日。
(10)「長崎市長本島等重申天皇対戦争負有責任」『人民日報』、一九八九年八月一四日。

(11)「本島等長崎市長、昭和天皇の戦争責任を改めて表明」『朝日新聞』、一九八九年八月一三日。
(12) 実際、日本語の正式な名称は「ヒロヒトの戦争責任を忘れない一・七討論集会　『即位式・大嘗祭』とどう闘うかを考えるPART［二］」である。「平静、淡々と「喪明け」――昭和天皇一周年祭」『毎日新聞』、一九九〇年一月八日。
(13)「東京市民集会反対天皇制」『人民日報』、一九九〇年一月九日。
(14)「『お言葉』問題、日韓で決着――盧泰愚大統領きょう来日」『毎日新聞』、一九九〇年五月二四日。
(15)「日本天皇対侵朝歴史表示遺憾和痛惜」『人民日報』、一九九〇年五月二六日。
(16)「朝鮮外交部発言人声明　保留要求日本対其侵朝歴史道歉的権利」『人民日報』、一九九〇年六月七日。
(17)「米大統領補佐官が七月初めに中国秘密訪問」『毎日新聞』、一九八九年一二月一九日。
(18)「対中国第三次円借款、再開に向け調査団派遣　政府方針」『朝日新聞』、一九八九年一二月二二日。
(19)「対中円借款解除、難しい課題に　自民が期待の柔軟姿勢出ず」『朝日新聞』、一九九〇年五月五日。
(20)「対中円借款を再開へ　中山外相が表明　米も黙認の意向」『朝日新聞』、一九九〇年七月六日。
(21)「民主化推進で中国の強硬姿勢に意外感　宮沢訪中団が李鵬首相と会談」『朝日新聞』、一九九〇年七月二六日。
(22)「対中円借款を再開　まず上水道整備など七事業三六五億円　公文交換」『朝日新聞』、一九九〇年一一月三日。
(23)「アジア各国、即位の礼に複雑な視線」『朝日新聞』、一九九〇年一一月一四日。
(24)「就我国当前政治、経済、外交等情況　袁木答日本記者問」『人民日報』、一九九〇年八月一日。
(25)「対中国円借款　『九月に半分再開』」『毎日新聞』、一九九〇年七月一九日。
(26)「アジア各国、即位の礼に複雑な視線」『朝日新聞』、一九九〇年一一月一四日。
(27)「尖閣諸島　中国、共同開発を提案」『毎日新聞』、一九九〇年一〇月二八日。
(28)「日本明仁天皇十二日即位典礼　呉学謙将応邀出席」、「呉学謙赴日本出席明仁天皇即位典礼」、「日本挙行明仁天皇即位大典」『人民日報』、一九九〇年一一月一〇日、一二日、一三日。
(29)「明仁天皇即位大典　楊主席致電祝賀」、「日本天皇設宴招待来賓」『人民日報』、一九九〇年一一月一三日、一四日。
(30)「日本挙行明仁天皇即位大典」『人民日報』、一九九〇年一一月一三日。
(31)「大喪の礼」に反対する爆弾事件は、「日本天皇の葬儀に爆発事件が発生」を太字にした見出しで単独の記事として報じていた。「日天皇葬儀発生爆炸事件」『人民日報』、一九八九年二月二五日。
(32)「中国、天皇陛下訪中を直接要請　日本は非公表　天安門翌年　『即位の礼』」『産経新聞』、二〇二〇年一二月二三日。

(33) 鄭啓栄（二〇〇八）『改革開放以来的中国外交（一九七八―二〇〇八）』世界知識出版社、八〇頁。
(34) 二〇一九年一〇月二二日の「即位礼正殿の儀」（即位の礼）に中国側は王岐山国家副主席を習近平国家主席の特使として派遣された。
(35) 海部俊樹、櫻内義雄、中山太郎、竹下登、宮澤喜一、伊東正義、渡辺美智雄など。楊振亜、前掲書、一一二―一一三頁。
(36) 「閣僚級による交流拡大望む　呉中国副首相、宮沢氏に」『朝日新聞』、一九九〇年一一月一三日。
(37) 一九九〇年一一月二八日深夜、ニューヨーク入りした銭其琛外相がベーカー米国務長官と会談した。翌日、中国は安保理の武力行使を容認した六七八号決議に棄権票を投じ、決議の通過に協力した。「『武力決議』へ中国説得　ベーカー米国務長官、銭外相と会談」、「きしみ増す米の対中政策」『朝日新聞』、一九九〇年一一月三〇日、一九九一年五月一七日。
(38) 「海部首相、年内訪中に意欲　五月の連休など念頭に」『朝日新聞』、一九九一年一月四日。
(39) 城山英巳、前掲書、一一八頁。
(40) 「江沢民答加藤問　闡述国際形勢中外関係和我国十年規划〝八五〟計划等問題」『人民日報』、一九九一年三月三一日。
(41) 「日本首相海部訪華前会見我国記者　愿通過訪華進一歩発展友好関係　希望中国尽早戦勝水災恢復生産」『人民日報』、一九九一年八月三日。
(42) 「国務院発言人袁木対日本記者説　中国歓迎海部首相訪華」『人民日報』、一九九一年八月七日。
(43) 「楊・中国国家主席、天皇訪中触れず　海部首相の立場を配慮」『毎日新聞』、一九九一年八月一三日。
(44) 同上。
(45) 「首相訪中を新たな関係の出発点に　問題点はすべて持ち越し」『毎日新聞』、一九九一年八月一三日。
(46) 「新世紀にらみ再構築のとき（社説）」『朝日新聞』、一九九一年八月一三日。
(47) 「ベーカー米国務長官、今月中旬に中国訪問へ　天安門事件後の関係修復へ」『毎日新聞』、一九九一年一一月五日。
(48) 「日米外相会談要旨――渡辺外相とベーカー米国務長官」、「話題の中心は中国問題――ベーカー米国務長官歓迎夕食会」『毎日新聞』、一九九一年一一月一二日、一一二日。
(49) 「渡辺外相、米中関係の改善求める　ベーカー国務長官の訪中に期待――銭外相と会談」『毎日新聞』、一九九一年一一月一三日。
(50) 「北朝鮮に対する核査察の圧力、中国がけん制　日中外相会談」『朝日新聞』、一九九一年一一月一三日。
(51) 田桓（一九九七）『戦後中日関係文献集（一九七一―一九九五）』中国社会科学出版社、八〇二頁。
(52) 兪敏浩（二〇一五）『国際社会における日中関係――一九七八～二〇〇一年の中国外交と日本』勁草書房、一四八頁。

(53)「銭其琛同貝克挙行正式会談　双方認為中美保持良好関係符合両国利益」『人民日報』、一九九一年一一月一六日。
(54) 國廣道彦（二〇〇七）「書評――銭其琛回顧録」『国際問題』五六三、五九頁。
(55)「渡辺喜美氏、日中関係悪化『オヤジは非常に悔しいと…』」『日本経済新聞』、二〇一四年三月二三日。
(56)「国交回復二〇年目で来年の天皇訪中実現を――渡辺外相」『毎日新聞』、一九九一年一二月一日。
(57)「来年中の天皇陛下訪中に前向き答弁――渡辺副総理・外相」『毎日新聞』、一九九一年一二月二日。
(58)「天皇陛下訪中の来年実現を宮沢首相に要請――田中国副首相」『毎日新聞』、一九九一年一二月三日。
(59)「渡辺外相、来月訪中の意向固める　天皇訪問に向け協議」『朝日新聞』、一九九一年一二月六日。
(60) 信太謙三（一九九二）「北京で追った天皇訪中実現の真相――キーマンは橋本中国大使だった」『世界週報』七三（四七）、二一四―二一五頁。
(61) 若宮啓文（一九九三）「検証 天皇訪中」『中央公論』一〇八（一〇）、一二八頁。
(62) 信太謙三、前掲論文、二一四頁。
(63)「日本外相渡辺訪華前夕表示　争取建立新的日中友好関係」『人民日報』、一九九二年一月四日。
(64)「天皇訪中の『今秋』実現に前向き――渡辺外相、銭外相に表明」『毎日新聞』、一九九二年一月五日。
(65) 谷野作太郎（二〇一五）『外交証言録 アジア外交――回顧と考察』岩波書店、二三〇―二三一頁。
(66)（　）にある部分は「渡辺外相と中国指導部の主な発言〈要旨〉」によって、筆者が添加したものである。『朝日新聞』、一九九二年一月五日。
(67)「李鵬会見渡辺美智雄　対日本国重視中日関係表示賛賞」『人民日報』、一九九二年一月五日。
(68)「江沢民会見渡辺美智雄　指出発展中日関系功在当代利在千秋」『人民日報』、一九九二年一月五日。
(69)「天皇訪中は九月二九日前後　日程を調整へ」『朝日新聞』、一九九二年一月七日。
(70) 銭其琛（二〇〇三）『外交十記』世界知識出版社、一九二―一九五頁。
(71) 池田維（二〇一六）『激動のアジア外交とともに――外交官の証言』中央公論新社、一八四頁。
(72) 若宮啓文、前掲論文、一三四頁。
(73)「戦後の区切り　新たな『日中』模索〈初めての天皇訪中：上〉」『朝日新聞』、一九九二年八月一二日。
(74) 信太謙三、前掲論文、二一六頁：若宮啓文、前掲書、三八四―三八五頁。
(75)「中国側に不快感　『天皇訪中』決着を先送り　日中首脳会談」『毎日新聞』、一九九二年四月七日。

(76)「アジア・太平洋地域の将来、日中・日米協力が柱　田辺委員長、中国対外部長と会談」『毎日新聞』、一九九二年一月一一日。
(77)「過去に対し反省を期待　楊振亜・駐日中国大使表明　今秋の天皇訪中」『朝日新聞』、一九九二年二月二二日。
(78)「日中戦争の民間賠償で国会へ公開状——中国人研究者ら」『毎日新聞』、一九九二年三月二二日。
(79)「尖閣諸島問題、決着タナ上げ　中国が再確認」『朝日新聞』、一九九二年三月一八日。「人大会議新聞発言人姚广挙行記者招待会銭其琛答中外記者問」『人民日報』、一九九二年三月二四日。
(80)「中国側に不快感　『天皇訪中』決着を先送り　日中首脳会談〈解説〉」『朝日新聞』、一九九二年四月七日。
(81)「江沢民総書記、六日来日　中国、『資本と技術』期待」『毎日新聞』、一九九二年三月二九日。
(82)「李鵬首相の政府活動報告、トウ小平路線と微妙なズレ　『成長加速』とらず——全人代」『毎日新聞』、一九九二年三月二一日。
(83)真水康樹（二〇一二）『外交から読み解く中国政治——中国外交における権力核と政策決定』新潟日報事業社、六三—六四頁。
(84)「木語：近平は小平でない＝金子秀敏」『毎日新聞』、二〇一三年一一月一四日。
(85)楊継縄（二〇〇四）『中国改革年代的政治闘争』Excellent culture press（香港）、四七二頁。
(86)中国語で「文件」は公文書という意味である。中国共産党は重要な決定を中央文件という文書の形で下達する。
(87)「『改革』加速を確認　トウ小平派、保守派と対決——中国共産党政治局全体会議」『毎日新聞』、一九九二年三月一二日。
(88)楊継縄、前掲書、四七二頁。
(89)李鵬（一九九二）「政府工作報告」（http://www.gov.cn/test/2008-04/14/content_944379.htm　最終アクセス日：二〇二一年一〇月一日）。
(90)若宮啓文、前掲書、三八四頁。
(91)「日中が敏感な天皇訪中　大国認め合い大人の関係築く時（経済地球儀）」『朝日新聞』、一九九二年四月二二日。
(92)「江沢民総書記答日本記者問」『人民日報』、一九九二年四月三日。
(93)「天皇訪中、改めて要請　戦争民間賠償、政府干渉せず——訪日前に江総書記に会見」『毎日新聞』、一九九二年四月二日。『人民日報』は、この「お言葉」に関する江沢民の発言を記事にしなかった。
(94)「中国の改革、支援を約束　江沢民総書記と宮沢首相が会談」『毎日新聞』、一九九二年四月七日。
(95)「日中の『大同』を大事にしよう（社説）」『朝日新聞』、一九九二年四月八日。
(96)「日中が敏感な天皇訪中　大国認め合い大人の関係築く時（経済地球儀）」『朝日新聞』、一九九二年四月二二日。
(97)田中明彦（二〇〇七）、前掲書、一四一頁。

(98)「江沢民在東京挙行記者招待会」『人民日報』、一九九二年四月九日。
(99)「銭其琛外長対記者発表談話説　江総書記訪日达到予期目的　発展中日関系具有天時地利人和的有利条件」『人民日報』、一九九二年四月一一日。
(100)楊振亜、前掲書、一二四頁。
(101)楊振亜、前掲書、一二四―一二五頁。
(102)「[How]天皇訪中どうなる　反対論、沈静化待ち　政局緊迫、政府は判断保留?」『毎日新聞』、一九九二年六月一日。
(103)「改めて懸念を表明　PKO法案で中国外務省」『朝日新聞』、一九九一年一一月二九日。
(104)田中明彦(二〇〇七)、前掲書、一四一頁。
(105)「認識の程度は不明確　江総書記の「PKO懸念」発言で宮沢首相が答弁」『朝日新聞』、一九九二年四月二九日。
(106)「江沢民・中国共産党総書記の講演〈要旨〉」『朝日新聞』、一九九二年四月七日。「国際形勢和中日関係――在日本慶祝日中邦交正常化二〇周年民間組委会演講会上的演講」『人民日報』、一九九二年四月八日。
(107)「[PKO法案岐路に立って]/五　アジア各国の本音」『毎日新聞』、一九九二年六月一四日。
(108)五百旗頭真・伊藤元重・薬師寺克行(二〇〇六)『九〇年代の証言　宮澤喜一――保守本流の軌跡』朝日新聞社、一八四頁。
(109)杉浦康之、前掲書、二七四頁。
(110)「天皇訪中、今秋実現に意欲　宮沢首相、自民党内の慎重派説得へ」『朝日新聞』、一九九二年六月一八日。
(111)「宮澤首相発表講演時説天皇訪華是可取的」『人民日報』、一九九二年六月一八日。
(112)孫平化著、武吉次朗訳(二〇一二)『中日友好随想録――孫平化が記録する中日関係(下)』日本経済新聞出版社、一五四―一五五頁:楊振亜、前掲書、一二五頁。
(113)城山英巳、前掲書、一二五頁。
(114)楊振亜、前掲書、一二五頁。
(115)御厨貴・中村隆英(二〇〇五)『聞き書宮澤喜一回顧録』岩波書店、三一一頁。
(116)楊振亜、前掲書、一二五頁。
(117)「訪中で天皇『お言葉』　国民は戦後『深い反省』　楊主席もスピーチ」『朝日新聞』、一九九二年一〇月二四日。
(118)「『謝罪せず』と米国紙も報道　天皇訪中」、「『謝罪なし』の指摘目立つ　天皇「お言葉」でアジアの有力紙」『朝日新聞』;「天皇訪中「お言葉」各国で論評」『毎日新聞』、一九九二年一〇月二四日。

(119) 劉志明（一九九三）「中国マスコミにおける天皇訪中の報道」『アジア時報』二四（三）（二七四）アジア調査会、四四頁。
(120) 「日本幾家大報発表社論　期待天皇訪華増進日中友誼和理解」『人民日報』、一九九二年一〇月二六日。
(121) 杉浦康之、前掲書、二七八頁。
(122) 杉浦康之、前掲書、二七九頁。
(123) 杉浦康之、前掲書、二七八–二七九頁。
(124) 楊振亜、前掲書、一三一頁。
(125) 「天皇訪中『中国国民に対し多大の苦難』　日中双方の政治的思惑は何か」『エコノミスト』一九九二年一一月一〇日。
(126) 杉浦康之、前掲書、二八三頁。（　）は筆者による加筆。
(127) 「天皇、皇后両陛下が中国訪問を終えご帰国」『毎日新聞』、一九九二年一〇月二九日。
(128) 「中国側が天皇訪中を評価」『毎日新聞』、一九九二年一〇月三〇日。
(129) 「天皇訪中で外相が報告」『毎日新聞』、一九九二年一〇月三一日。

終　章

(1) 神田豊隆、前掲論文、五七頁。
(2) 井上亮（二〇一八）『象徴天皇の旅——平成に築かれた国民との絆』平凡社、二〇八–二〇九頁。
(3) 井上正也、前掲書、五四四頁。

あとがき

本書の作成にあたり、終始適切な助言を賜り、また丁寧に指導して下さった鹿児島大学の平井一臣先生に心より感謝申し上げる。時に応じて、厳しくご指導いただいたこと、またやさしく励ましてくださったことを通して、私自身の至らなさを実感することができたことは今後の努力の糧になるものである。また、鹿児島大学大学院人文社会科学研究科の諸先生、研究室の皆様にも、温かいご指導ご鞭撻を賜わった。心より感謝申し上げる。

この研究は、二〇一五年度文部科学省（MEXT）国費外国人留学生奨学金（留金亜［2014］9033号）により研究が遂行されたものである。この場を借りて深く御礼申し上げる。

最後に、これまで自分の思う道を進むことに対し、温かく見守りそして辛抱強く支援してくれた両親・妻・娘たちに対しては深い感謝の意を表す。

日本を離れ中国で本書を準備するなかで、『マオとミカド——日中関係史の中の「天皇」』などといった天皇制関連の研究の出版を知った。本書の内容には活かせなかったが、今後研究をさらに進めていくうえで参照にしたい。

二〇二二年六月

蔣　奇武

参考文献

＊日本語文献は五十音順、中国語文献はピンイン順。

I　日本語文献

(1)　単行本

秋元書房編集部編・訳（一九七二）『周恩来語録』秋元書房。

粟屋憲太郎・NHK取材班（一九九四）『東京裁判への道』NHK出版。

五百旗頭真・伊藤元重・薬師寺克行（二〇〇六）『九〇年代の証言　宮澤喜一――保守本流の軌跡』朝日新聞社。

池田維（二〇一六）『激動のアジア外交とともに――外交官の証言』中央公論新社。

井上亮（二〇一八）『象徴天皇の旅――平成に築かれた国民との絆』平凡社。

井上正也（二〇一〇）『日中国交正常化の政治史』名古屋大学出版会。

入江相政（一九九一）『入江相政日記〈第六巻〉』朝日新聞社。

岩見隆夫（二〇〇五）『陛下の御質問――昭和天皇と戦後政治』文藝春秋。

大平正芳記念財団（一九九六）『在素知贅――大平正芳発言集』大平正芳記念財団。

大森実（一九七五）『戦後秘史〈三〉――祖国革命工作』講談社。

岡部達味（二〇〇二）『中国をめぐる国際環境』岩波書店。

緒方貞子著、添谷芳秀訳（一九九二）『戦後日中・米中関係』東京大学出版会。

外務省アジア局第二課（一九五五）『中共対日重要言論集――一九五二年一二月一日より一九五五年三月末まで』外務省アジア局中国課。

京大日本史辞典編纂会（一九九二）『新編日本史辞典』東京創元社。

宮内庁（二〇一八）『昭和天皇実録〈十六〉』東京書籍。

栗山尚一（二〇一六）『戦後日本外交――軌跡と課題』岩波書店。

ケネス・ルオフ著、木村剛久・福島睦男訳（二〇〇三）『国民の天皇――戦後日本の民主主義と天皇制』共同通信社。

国分良成・添谷芳秀・高原明生・川島真（二〇一三）『日中関係史』有斐閣。

小島朋之編（一九九五）『アジア時代の日中関係――過去と未来』サイマル出版会。

後藤謙次（二〇一四）『平成政治史〈二〉』岩波書店。

城山英巳（二〇〇九）『中国共産党「天皇工作」秘録』文藝春秋。

孫平化著・武吉次朗訳（二〇一二）『中日友好随想録――孫平化が記録する中日関係（下）』日本経済新聞出版社。

世界平和研究所編（一九九五）『中曽根内閣史――資料篇』世界平和研究所。

――（一九九五）『中曽根内閣史――理念と政策』世界平和研究所。

徐承元（二〇〇四）『日本の経済外交と中国』慶應義塾大学出版会。

竹内実監修、毛沢東文献資料研究会編（一九八三）『毛沢東集〈六〉』蒼蒼社。

田島高志（二〇一八）『外交証言録――日中平和友好条約交渉と鄧小平来日』岩波書店。

谷野作太郎（二〇一五）『外交証言録 アジア外交――回顧と考察』岩波書店。

田中明彦（一九九一）『日中関係一九四五―一九九〇』東京大学出版会。

――（二〇〇七）『アジアのなかの日本』NTT出版。

田中清玄（一九九三）『田中清玄自伝』文藝春秋。

内閣官房内閣審議室分室・内閣総理大臣補佐官室編（一九八〇）『大平総理の政策研究会報告書―五　総合安全保障戦略』大蔵省印刷局。

中曽根康弘（二〇一二）『中曽根康弘が語る戦後日本外交』新潮社。

中村政則（一九九二）『戦後史と象徴天皇』岩波書店。

永野信利（一九八三）『天皇と鄧小平の握手――実録・日中交渉秘史』行政問題研究所出版局。

日本共産党中央委員会（一九八八）『日本共産党の六十五年（上）』日本共産党中央委員会出版局。

野坂参三（一九六五）『野坂参三選集〈戦時編〉』日本共産党中央委員会出版部
――（一九七二）『この五十年をふりかえって』新日本出版社。

――（一九八九）『風雪のあゆみ〈八〉』新日本出版社。

兵本達吉（二〇〇八）『日本共産党の戦後秘史』新潮社。

平野実（一九七九）『外交記者日記――宮沢外交の二年〈上〉』行政通信社。

保阪正康（二〇〇九）『明仁天皇と昭和天皇』講談社。

真水康樹（二〇一一）『外交から読み解く中国政治――中国外交における権力核と政策決定』新潟日報事業社。

増田弘（二〇一六）『戦後日本首相の外交思想――吉田茂から小泉純一郎まで』ミネルヴァ書房。

松前重義（一九八六）『私の民間外交二十年――日本対外文化協会二十年の記録』日本対外文化協会・東海大学出版会。

御厨貴・中村隆英（二〇〇五）『聞き書宮澤喜一回顧録』岩波書店。

水谷尚子（二〇〇六）『「反日」以前――中国対日工作者たちの回想』文藝春秋。

宮城大蔵（二〇一五）『戦後日本のアジア外交』ミネルヴァ書房。

宮下明聡（二〇一七）『ハンドブック戦後日本外交史――対日講和から密約問題まで』ミネルヴァ書房。

毛利和子（二〇〇六）『日中関係――戦後から新時代へ』岩波書店。

毛里和子・増田弘訳（二〇〇四）『周恩来・キッシンジャー機密会談録』岩波書店。

山辺健太郎（一九六四）『現代史資料〈一四〉――社会主義運動〈一〉』みすず書房。

兪敏浩（二〇一五）『国際社会における日中関係――一九七八～二〇〇一年の中国外交と日本』勁草書房。

横田耕一（一九九〇）『憲法と天皇制』岩波書店。

若月秀和（二〇〇六）『「全方位外交」の時代――冷戦変容期の日本とアジア一九七一―八〇年』日本経済評論社。

――（二〇一七）『冷戦の終焉と日本外交――鈴木・中曽根・竹下政権の外政一九八〇～一九八九年』千倉書房。

若宮啓文（二〇一四）『戦後七〇年――保守のアジア観』朝日新聞出版。

渡辺治（二〇〇一）『日本の大国化とネオ・ナショナリズムの形成――天皇制ナショナリズムの模索と隘路』桜井書店。

和田春樹（一九九六）『歴史としての野坂参三』平凡社。

(2)　論　文

石井修（一九八六）「米国にとっての日本問題――一九五四年夏」『アメリカ研究』二〇。

伊藤晃（二〇〇六）「書評と紹介　刊行委員会編監『山本正美治安維持法裁判――続／山本正美陳述集　裁判関係記録・論文集』」『大原社会問題研究所雑誌』五七二。

ヴィクトル・クジミンコフ（二〇〇六）「ゴルバチョフ政権の対日政策　一九八五・一九九一年」『神戸法學雑誌』五六（一）。

小川祐介（二〇〇九）「大平正芳政権の対外政策――デタントと新冷戦の狭間で、マルチラテラルとバイラテラルの追求」『政治学研究』四一。

川村範行（二〇一〇）「現代日中関係の発展過程――日中新協力体制の構築」『名古屋外国語大学外国語学部紀要』三九。

神田豊隆（二〇一三）「一九八〇年代の冷戦と日本外交における二つの秩序観――中曽根政権の対中外交を軸として」『アジア太平洋討究』（早稲田大学）一九。

國廣道彦（二〇〇七）「書評――銭其琛回顧録」『国際問題』五六三。

国分良成（二〇〇一）「冷戦終結後の日中関係――『七二年体制』の転換」『国際問題』四九〇。

信太謙三（一九九二）「北京で追った天皇訪中実現の真相――キーマンは橋本中国大使だった」『世界週報』七三（四七）。

城山英巳（二〇一五）「毛沢東の『天皇観』形成過程に関する研究――終戦～冷戦期、国際情勢変容の中で」『ソシオサイエンス』（早稲田大学）二一。

杉浦康之（二〇一二）「天皇訪中　一九九一～一九九二」、高原明生・服部龍二編『日中関係史――一九七二―二〇一二　Ⅰ政治』東京大学出版会。

添谷芳秀（一九九一）「東アジアの『ヤルタ体制』」『法學研究』六四（一）。

寺出道雄・徐一睿（二〇一一）「毛沢東の野坂参三宛て書簡」『三田学会雑誌』一〇四（一）。

中島敏次郎（一九九七）「歴代駐中国大使が語る日中二五年史――天安門事件の発生」『外交フォーラム　臨時増刊　中国』。

服部龍二（二〇一一）「中曽根・胡耀邦会談記録――一九八三、八四、八六年」『総合政策研究』一九。

――（二〇一五）「中曽根康弘首相・全斗煥大統領会談録――一九八三年一月」『中央大学論集』三六。

舟橋正真（二〇一七）「『皇室外交』とは何か――『象徴』と『元首』」、吉田裕・瀬畑源・河西秀哉編『平成の天皇制とは何か――制度と個人のはざまで』岩波書店。

劉志明（一九九三）「中国マスコミにおける天皇訪中の報道」『アジア時報』二四（三）（二七四）。

若宮啓文（一九九三）「検証 天皇訪中」『中央公論』一〇八（一〇）。

(3) 新聞

『朝日新聞』、『産経新聞』、『日本経済新聞』、『毎日新聞』。

Ⅱ 中国語文献

(1) 単行本

Guenther Stein 著、馬飛海など訳（一九九九）『紅色中国的挑戦』上海訳文出版社。

蒋立峰（一九九一）『日本天皇列伝』東方出版社。

梁雲祥（二〇一二）『日本外交与中日関係』世界知識出版社。

李建民（二〇〇七）『冷戦後的中日関係史　一九八九―二〇〇六』中国経済出版社。

牛軍（二〇一〇）『中華人民共和国対外関係史概論　一九四九―二〇〇〇』北京大学出版社。

――（二〇一二）『冷戦与中国外交決策』九州出版社。

裴華（二〇〇二）『中日外交風云中的鄧小平』中央文献出版社。

銭其琛（二〇〇三）『外交十記』世界知識出版社。

史桂芳（二〇一四）『中国的対日戦略与中日関係研究（一九四九―）』中国社会科学出版社。

陶文釗（二〇〇四）『中美関係史』上海人民出版社。

田桓（一九九六）『戦後中日関係文献集 一九四五―一九七〇』中国社会科学出版社。

――（一九九七）『戦後中日関係文献集（一九七一―一九九五）』中国社会科学出版社。

田酉如（一九九五）『中国抗日根拠地発展史』北京出版社。

田曾佩（一九九三）『改革开放以来的中国外交』世界知識出版社。

王金林（二〇〇一）『日本天皇制及其精神結構』天津人民出版社。

徐則浩（二〇〇一）『王稼祥年譜 一九〇六―一九七四』中央文献出版社。

徐之先（二〇〇二）『中日関係三十年』時事出版社。

楊継縄（二〇〇四）『中国改革年代的政治闘争』Excellent culture press（香港）。

楊振亜（二〇〇七）『出使東瀛』上海辞書出版社・漢語大詞典出版社。

鄭啓栄（二〇〇八）『改革開放以来的中国外交（一九七八―二〇〇八）』世界知識出版社。

中共中央書記処編（一九八一）『六大以来――党内秘密文件〈下〉』人民出版社。

中共中央文献研究室編（一九九八）『鄧小平思想年譜（一九七五―一九九七）』中央文献出版社。

――（二〇一三）『毛沢東年譜（一九四九―一九七六）〈一、二〉』中央文献出版社。

中共中央組織部など編（二〇〇〇）『中国共産党組織史資料〈三〉――抗日戦争時期』中共党史出版社。

朱宗玉（一九九六）『从甲午戦争到天皇訪華――近代以来的中日関係』福建人民出版社。

(2) 論文

歩平（二〇〇一）「日本靖国神社問題的歴史考察」『抗日戦争研究』四。

賈璇（二〇一二）「日本政府対戦後天皇及皇室的利用」『湖北函授大学学報』二五（一二）。

――（二〇一三）「戦後日本天皇与日本政治」『吉林師範大学学報（人文社会科学版）』一。

劉建平（二〇〇七）「野坂参三与中国共産党的日本認識―新中国対日外交思想探源」『開放時代』六。

呉広義（二〇〇五）「日本侵華戦争与裕仁天皇的戦争責任」『日本学刊』四。

趙徳芹・高凡夫（二〇〇六）「日本天皇裕仁与盧溝橋事変」『北京社会科学』四。

(3) 新聞

『参考消息』、『人民日報』、『人民政協報』。

人名索引

関連年表

年次	天皇関係	日中関連	国際関係
1935年		8月1日　コミンテルン中国共産党代表団「抗日救国のために全同胞に告げる書」(「八一宣言」) 作成.	7月25日　コミンテルン第7回大会 (～8月20日).
1936年	2月10日　野坂参三, 山本懸蔵が連名で「日本の共産主義者へのてがみ」発表.	12月12日　西安事件.	
1937年		7月7日　盧溝橋事件 (日中全面戦争開始).	
1938年	5月　毛沢東, 抗日研究会で「持久戦について」発表.		
1939年			
1940年	3月　野坂参三, 延安入り. 5月　野坂参三, 中国共産党中央革命軍事委員会総政治部顧問に就任.		
1941年			
1942年			
1943年			
1944年	野坂参三,「日本人民解放連盟綱領草案」(2月),「日本人民解放連盟綱領草案に関する重慶『大公報』の評論について」(4月),「民主的日本の建設」(1945年5月) 作成.		
1945年	5月28日　毛沢東, 野坂参三宛ての書簡送付. 8月15日　玉音放送. 9月27日　昭和天皇, マッカーサー元帥と初会見.	4月23日　中国共産党第七回全国代表大会 (～6月11日). 8月15日　日本降伏, 抗日戦争勝利. 10月9日　幣原喜重郎内閣成立 (～1946年5月22日).	2月4日　ヤルタ会談 (～2月11日). 7月17日　ポツダム会談 (～8月2日).

年次	天皇関係	日中関連	国際関係
1946年	1月1日　昭和天皇,「人間宣言」公表. 2月　昭和天皇全国（沖縄県以外の46都道府県）巡幸（～1954年8月）. 8月1日　『人民日報』に「岡野進議会質問政府　掲露憲草非民主性　反対天皇保留絲毫政治特権（岡野進は議会で政府を詰問憲法改正案の非民主性を指摘天皇が少しも政治的特権を保留するのに反対)」掲載. 8月11日　『人民日報』に「麦克阿瑟是怎様管制日本的？（マッカーサーは如何に日本を支配しているのか)」掲載. 9月21日　『人民日報』に「美国反動派扶持日寇（米国反動派は日本侵略者を扶持)」掲載.	5月3日　極東国際軍事裁判（東京裁判）開廷. 5月22日　第一次吉田茂内閣成立（～1947年5月24日). 6月26日　第二次国共内戦勃発. 11月3日　日本国憲法公布（天皇制存続と戦争放棄), 1947年5月3日施行.	
1947年		5月24日　片山哲内閣成立（～1948年3月10日).	6月5日　マーシャル・プラン発表.
1948年		3月10日　芦田均内閣成立（～10月15日) 10月15日　第二次吉田内閣成立（～1954年12月10日).	
1949年		10月1日　中華人民共和国中央人民政府成立. 2日　ソ連, 中国承認. 12月6日　毛沢東, ソ連訪問(～3月4日).	

4　関連年表

年次	天皇関係	日中関連	国際関係
1950年	2月5～13日　『人民日報』，天皇の戦争責任追及の記事掲載，天皇の戦争責任追及キャンペーン全国展開.	1月17日　『人民日報』，「日本人民解放の道」掲載. 2月14日　中ソ友好同盟相互援助条約調印. 5月3日　マッカーサー，共産党非合法化示唆. 12月4日　周恩来総理，対日講話問題について8項目の主張発表.	1月6日　コミンフォルム機関紙『恒久平和と人民民主主義のために』，「日本の情勢について」突如公表. 6月25日　朝鮮戦争勃発. 12月8日　米国，戦略物資の対共産圏輸出禁止.
1951年		8月15日　周恩来，米英の対日平和条約案及びサンフランシスコ会議についての非難声明. 9月18日　周恩来，中国不参加の対日講和条約は非合法・無効と声明.	9月8日　サンフランシスコ講和条約，日米安全保障条約調印.
1952年		4月28日　サンフランシスコ講和条約，日米安全保障条約発効. 日華平和条約調印. 5月14日　中国国際貿易促進委員会成立. 6月1日　第一次日中民間貿易協定調印.	
1953年		中国，第一次五カ年計画実施. 10月29日　第二次日中民間貿易協定調印.	1月20日　アイゼンハワー，大統領就任（～1961年1月20日）. 3月5日　スターリン死去. 7月27日　朝鮮休戦協定成立. 9月7日　フルシチョフ，第一書記就任（～1964年10月14日）.
1954年		6月28日　周恩来総理，ネール首相と平和五原則について共同声明発表. 8月19日　中国政府，日本人戦犯元軍人417名の特赦発表.	4月26日　ジュネーブ会議（～7月21日）.

年次	天皇関係	日中関連	国際関係
1954年	10月11日　周恩来，日本国会議員訪中団及び日本学術文化訪中団との会談で，「天皇が日本を支配しているのではなく，アメリカが支配している．日本人が天皇を尊敬しているにしても，それは自由ですが，しかし天皇の上にアメリカがいる．これがわれわれと日本との関係を妨げています」と発言．	10月28日　日中・日ソ国交回復国民会議結成． 10月30日　中国紅十字会代表団訪日（～11月12日）． 12月10日　鳩山一郎内閣成立（～1956年12月23日）．	
1955年		4月15日　日中民間漁業協定調印． 5月4日　第三次日中民間貿易協定調印． 10月13日　社会党統一大会． 15日　自由民主党結成． 11月27日　日中民間文化交流協定調印．	
1956年	9月4日　毛沢東，元軍人訪中団に対して，「今，貴方がたの国には天皇がいます．貴方がたは天皇にお会いできたら，よろしくとお伝えください．ラオス，カンボジアには国王がいて，日本には天皇がいます．我々はそれらの制度を尊重する」と発言． 10月6日　毛沢東，日本商品展覧会で，「天皇にもよろしく伝えてもらいたい」と発言．	1月30日　周恩来，第二期全国政協第二回会議で日中国交正常化問題再提起． 9月4日　毛沢東，日本旧軍人代表団と会見． 9月下旬から12月下旬にかけて，日本商品展覧団，北京，広州，上海で日本商品展覧会開催． 10月19日　日ソ国交回復に関する共同宣言（12月12日批准書交換）． 12月18日　日本，国連加盟実現． 12月23日　石橋湛山内閣成立（～1957年2月25日）．	2月14日　ソ連共産党第二十回大会（～2月25日）． 24日　フルシチョフ，党大会秘密会でスターリン批判演説．
1957年		2月25日　岸信介内閣成立（～1960年7月19日）． 6月2日　岸首相訪台． 3日　岸，台北での蔣介石との会談で国府の「大陸反攻」に支持表明．	

年次	天皇関係	日中関連	国際関係
1958年		3月5日　第四次日中民間貿易協定調印. 5月9日　陳毅外相，岸内閣非難談話発表（日中間のあらゆる経済文化関係断絶声明）.	3月27日　フルシチョフ，ソ連首相兼任.
1959年	4月10日　皇太子結婚式.	3月9日　浅沼稲次郎第二次社会党訪中使節団団長,「米帝国主義は日中両国人民共同の敵」演説. 4月27日　劉少奇，国家主席選出（～1968年10月31日）.	
1960年	11月4日　『人民日報』,「加強軍隊的軍国主義思想 日本天皇接見三軍将領（軍隊中に軍国主義思想を強化　日本天皇は三軍首脳と会見）」掲載.	1月14日　中国,「日米新安保条約」に非難声明発表. 19日　日米新安保条約調印. 6月19日　新日米安全保障条約自然承認，23日発効. 23日　岸，退陣表明. 7月16日　ソ連，対中協力破棄，専門家引き揚げ通告. 19日　池田勇人内閣成立（～1964年11月9日）. 8月27日　周恩来，貿易三原則提示.	9月25日　米ソ首脳会談（キャンプ＝デービッド　～27日）.
1961年			1月20日　ケネディ，大統領就任（1963年11月22日・暗殺）.
1962年		11月9日　日中ＬＴ貿易覚書調印.	10月22日　ケネディ，ソ連がキューバにミサイル基地建設中と発表，海上封鎖声明. 28日　フルシチョフ，キューバからミサイル撤去発表.

年次	天皇関係	日中関連	国際関係
1963年			
1964年		4月18日　LT貿易連絡事務所設置・新聞記者交換覚書調印. 11月9日　佐藤榮作内閣成立(～1972年7月7日).	10月14日　ブレジネフ, 第一書記就任（～1966年4月8日）.
1965年			
1966年		**文化大革命の全面勃発** 5月16日　党中央政治局拡大会議,「中国共産党中央委員会通知」(五一六通知) 通過. 8月1日　中国共産党第八期中央委員会第十一回全体会議（第八期十一中全会),「中国共産党中央委員会のプロレタリア文化大革命についての決定」(16か条) 通過.	4月8日　ブレジネフ, 書記長就任(～1982年11月10日・病死).
1967年			
1968年			
1969年	6月28日　『人民日報』,「佐藤美化天皇　纂改歴史　為軍国主義招魂（佐藤は軍国主義招魂のため, 天皇を美化, 歴史を歪曲)」掲載.	3月2日と15日　中ソ国境（珍宝島/ダマンスキー島）武力衝突. 12月1日　米中大使級会談再開決定. 12月9日　日中国交回復促進議員連盟発足. 13日　日中国交正常化国民協議会発足.	1月20日　ニクソン, 大統領就任（～1974年8月9日）.
1970年	9月3日　『人民日報』,「戦前日本的天皇制（戦前日本の天皇制)」掲載.		

年次	天皇関係	日中関連	国際関係
1971年	**4月19日**　『人民日報』,「反対日本軍国主義的“精神支柱”天皇到広島活動 日本広島市青年和学生集会游行 示威学生同前来鎮圧的大批警察展开英勇搏斗（日本広島市の青年と学生は集会とデモを行い　日本軍国主義の“精神の支柱”である天皇がイベントのため広島入りに反対学生と鎮圧しに来る多数の警官と勇敢な闘争を展開）」掲載. **6月11日**　『人民日報』,「日本反動派力図恢復“天皇制”要重建封建的軍事法西斯専政　再走対外侵略拡張的老路（封建的な軍事のファッショ独裁の再建　再び対外侵略拡張をするため　日本の反動派は必死に“天皇制”の復帰を）」掲載. **7月11日**　周恩来, キッシンジャーとの第四回会談で「日本の天皇は, 日本軍国主義を維持するこのシステムの基礎になっています. 彼は世界中を旅して回るイギリスの女王とは異なった状況にいます」に言及. **9月27日**　昭和天皇・皇后訪欧（～10月14日）. **27日**　昭和天皇, アンカレジでニクソンと会見.	**6月15日**　公明党代表団訪中（～7月6日）.（7月2日　共同声明発表, 日中国交回復五原則明記） ニクソンショック **7月15日**　ニクソン, 訪中予定発表.	**7月9日**　キッシンジャー第一回極秘訪中（～11日）. **8月15日**　ニクソン, 金・ドルの交換停止発表. **10月20日**　キッシンジャー第二回極秘訪中（～26日）. **10月25日**　中国, 国連復帰実現.
1972年		**1月**　キッシンジャー極秘訪中. **2月21日**　ニクソン大統領訪中（～28日）. **5月15日**　沖縄の施政権返還. **7月7日**　田中角栄内閣成立（～1974年12月9日）.	

年次	天皇関係	日中関連	国際関係
1972年	9月30日　周恩来，帰国の途についた田中首相に，「お帰りになったら，天皇陛下によろしくとお伝えください」と伝言.	9月25日　田中角栄首相訪中（～30日）．日中国交正常化（29日「日中共同声明」発表，国交樹立）.	
1973年		1～2月　中日両国，大使館相互設置. 8月24日　中国共産党第十回全国代表大会（～28日　反ソ国際統一戦線方針確定）.	
1974年		1月　大平正芳外務大臣訪中，日中貿易協定調印. 4月20日　日中航空協定調印. 11月12日　韓念竜外務次官訪日（～19日，平和友好条約予備交渉開始）. 13日　日中海運協定調印. 11月26日　田中，退陣表明. 12月9日　三木武夫内閣成立（～1976年12月24日）.	8月9日　フォード，大統領就任（～1977年1月20日）.
1975年	9月26日　昭和天皇，米タイム誌との会見で，「中国と平和条約が締結され同国を訪問する機会があれば，幸いなことと思う」と発言. 30日　昭和天皇・皇后訪米（～10月14日）.	2月14日　平和友好条約予備交渉再開. 8月15日　日中漁業協定調印. 9月24日　日本側，反覇権に関する宮沢四原則提示.	
1976年		1月8日　周恩来死去. 4月5日　第一次天安門事件. 7日　華国鋒，国務院総理兼党中央委員会第一副主席に任命され，毛に次ぐ序列第2位の地位に抜擢;鄧小平全職務解任.	

年次	天皇関係	日中関連	国際関係
1976年	12月22日 『人民日報』，初めて昭和天皇が日本国の元首である認識示す．	7月27日 田中元首相逮捕． 9月9日 毛沢東死去． 10月6日 四人組逮捕． 10月7日 華国鋒，党中央委員会主席および党中央軍事委員会主席選出． 12月24日 福田赳夫内閣成立（～1978年12月7日）．	
1977年		7月16日 鄧小平，中国共産党第十期中央委員会第三回全体会議（～21日，第十期三中全会）において，党副主席，国務院常務副総理，中央軍事委員会副主席兼人民解放軍総参謀長復帰． 8月12日 中国共産党第十一回全国代表大会（～18日 第十一回党大会），文化大革命の終結宣言．	1月20日 カーター，大統領就任（～1981年1月20日）．
1978年	10月23日 鄧小平，昭和天皇と会見．（天皇に初の訪中招請）	2月16日 日中長期貿易取り決め調印． 5月3日 カーターと福田，ワシントンで日米首脳会談． 8月8日 園田直外務大臣訪中（～13日）． 12日 「日中平和友好条約」締結． 10月22日 鄧小平副総理訪日（～29日，中国国家指導者の初訪日）． 10月23日 「日中平和友好条約」の批准書交換． 12月7日 大平正芳内閣成立（～1980年6月12日）． 16日 米中共同声明発表． 18日 中国共産党第十一期中央委員会第三回全体会議（～22日，第十一期三中全会．改革開放路線採用）．	11月3日 ソ越友好協力条約調印． 25日 ベトナム軍，カンボジアへ本格侵攻．

年次	天皇関係	日中関連	国際関係
1979年	4月9日　鄧穎超，昭和天皇と会見.（天皇に訪中招請）	1月1日　米中国交正常化. 1月29日　鄧小平訪米（～2月5日）. 2月6日　鄧小平副総理訪日（～8日　訪米帰途中）. 2月17日　中越戦争勃発（～3月16日）. 4月8日　鄧穎超副委員長訪日（～19日）. 12月5日　大平正芳首相訪中（～9日，円借款供与約束，対中経済協力開始）.	12月27日　ソ連軍，アフガニスタン侵攻.
1980年	5月22日　日本外務省，極秘公電で「右翼が反発するとの懸念から，天皇訪中について言及しないよう」と中国側に告知. 5月27日　華国鋒，昭和天皇と会見.（天皇に訪中招請）	4月10日　中ソ友好同盟相互援助条約失効. 5月27日　華国鋒総理訪日（～6月1日，中国総理の初訪日）. 6月12日　大平正芳急死. 7月2日　「大平総理の政策研究会報告書－5　総合安全保障戦略」提出. 7月9日　華国鋒総理訪日（大平正芳総理の葬儀参列） 7月17日　鈴木善幸内閣成立（～1982年2月24日）. 9月10日　趙紫陽，総理就任（～1987年11月24日）.	
1981年			1月20日　レーガン，大統領就任（～1988年1月20日）.
1982年	6月1日　趙紫陽，昭和天皇と会見.	3月24日　ブレジネフ，タシケントで中国に関係改善のための交渉開始呼びかけ. 5月31日　趙紫陽総理訪日（～6月5日）.「平和友好，平等互恵，長期安定」の中日関係三原則提出.	

年次	天皇関係	日中関連	国際関係
1982年		7月26日　中国，教科書問題で日本政府に抗議．（第一次教科書問題） 9月1日　胡耀邦，中国共産党第12回大会（～11日）で，「独立自主の対外政策」発表． 12日　胡耀邦，総書記就任（～1987年1月16日）． 26日　鈴木首相訪中（～10月1日）． 27日　鈴木，趙紫陽との会談で「中ソ間で今後話し合いが行われても，現状を大きく改善することは困難である」との見解示す． 11月27日　中曽根康弘内閣成立（～1987年11月6日）．	11月10日　ブレジネフ死去．
1983年	11月25日　胡耀邦，昭和天皇と会見．（天皇に訪中招請）	1月11日　中曽根首相「電撃」訪韓（～12日）． 17日　中曽根首相初訪米（～20日）． 11月23日　胡耀邦総書記訪日（～30日）． 26日　胡耀邦，衆院本会議場で「日中共同で覇権阻止を」演説．	
1984年	4月20日　昭和天皇，中曽根に訪中意欲表明． 9月6日　全斗煥，昭和天皇と会見．	3月23日　中曽根康弘首相訪中（～3月26日，総額4700億円の第二次円借款供与約束）． 4月26日　レーガン大統領訪中（～4月30日）． 9月6日　全斗煥大統領，韓国の国家元首として初の訪日（～9月8日）． 24日　中国側，日本の青年3000名招待（～10月8日）．	

年次	天皇関係	日中関連	国際関係
1985年	4月23日　彭真，昭和天皇と会見. 10月30日　韓国政府，皇太子訪韓を積極的に進める意向表明.	4月21日　彭真全人代委員長訪日（～29日）. 5月23日　中央軍事委員会拡大会議（～6月6日）で，反ソ国際統一戦線方針の放棄決定. 8月15日　中曽根首相，戦後の首相として初めて靖国神社公式参拝. 9月18日　北京で大学生らによる反中曽根デモ. 12月25日　外務省欧亜局，「ゴルバチョフ政権と我が国の対応」文書作成.	3月11日　ゴルバチョフ，書記長就任（～1991年8月24日）.
1986年	1月1日　『朝日新聞』，「皇太子ご夫妻が韓国へ　今年秋を目標に政府が日程検討」掲載. 2月12日　安倍外相，衆院委で「皇太子ご夫妻訪韓要請受け検討中」と答弁. 3月12日　中曽根首相，参院委で「皇太子ご訪中は今後の検討課題」と答弁. 23日　公明党訪中団，胡耀邦総書記と会談，皇族の中国訪問について基本的な合意達成. 4月2日　『毎日新聞』，「皇太子ご訪中で首相と外相の食い違い鮮明に」掲載.	5月29日　安倍外相訪ソ（～31日）. 6月7日　中国外交部，日本政府に対して，日本側の一部勢力が作成し検定を通過した教科書の記述について是正要請.（第二次教科書問題） 7月28日　ゴルバチョフ，ウラジオストク演説．日中両国との関係改善の意向表明.	2月25日　第27回ソ連共産党大会（～3月6日）．ペレストロイカとともに新思考外交提出.

年次	天皇関係	日中関連	国際関係
1986年	8月20日　日韓両国政府，皇太子夫妻訪韓の延期正式発表. 29日　姚依林副総理，日本報道各社の訪中記者団との会見で「皇太子訪中歓迎」に言及.	8月11日　ゴルバチョフ，訪ソ中の不破哲三共産党委員長と会談. 11月8日　中曽根首相二度目の訪中（～9日）.	
1987年		1月16日　胡耀邦総書記解任. 2月26日　大阪高裁，光華寮訴訟で台湾勝訴判決．中国の反発が強まり外交問題化．（光華寮問題） 11月1日　趙紫陽，総書記選出（～1989年6月24日）．（1月16日から総書記代理） 6日　竹下登内閣成立（～1989年6月2日）. 9日　趙紫陽総書記兼総理に竹下親書. 27日　竹下，所信表明で「世界に貢献する日本」表明.	12月8日　米ソ中距離核戦力（INF）全廃条約調印.
1988年	9月19日　昭和天皇の吐血報道をきっかけに自粛ムード広がる.	4月8日　楊尚昆，国家主席選出（～1993年3月27日）. 12口　李鵬，総理選出（～1998年3月17日）. 4月27日　万里，全国人民代表大会常務委員会委員長選出（～1993年3月27日）. 8月25日　竹下登首相訪中（～30日）. 25日　竹下，李鵬との首脳会談で総額8100億円の第三次円借款約束. 29日　竹下，西安で「新たなる飛躍をめざして」記念講演. 12月18日　シェワルナゼ外相訪日．日ソ外相定期協議再開.	5月15日　ソ連軍，アフガニスタンから撤退開始.

年次	天皇関係	日中関連	国際関係
1989年	1月7日　昭和天皇崩御. 同日　臨時閣議で天皇に関する首相談話として,「謹話」決定, 公表. 同日　中国外務省スポークスマン,「中日国交正常化以降, 裕仁天皇が何度も訪日した中国の要人と会見し, あの一時期の不幸な歴史に反省を示し, 中日両国間長期的な善隣関係の発展を希望し, また関心を寄せていた」とコメント. 8日　国務院副総理姚依林, 全国人大常委会副委員長阿沛・阿旺晋美, 全国政協副主席程思遠が日本国駐中国大使館訪れ, 昭和天皇の死を悼む弔問. 11日　『人民日報』,「日本占領朝鮮36年　未見天皇表示歉意 南朝鮮輿論反対盧泰愚参加裕仁葬礼（日本が36年間朝鮮を占領　天皇による遺憾の意の表明は無し　南朝鮮世論が盧泰愚の裕仁葬儀の参列に反対)」掲載. 1月19日　『人民日報』,「日本社会党委員長発表談話指出 昭和天皇対戦争負有責任（日本社会党委員長は談話で　昭和天皇に戦争責任があると指摘)」掲載. 2月16日　『人民日報』,「竹下推称二戦性質応由后世史学家評価 日内閣法制局長官説昭和天皇无戦争責任（竹下は第二次世界大戦の性質は後世の史学者によって評価すべきと擦り付け　日本内閣法制局長が昭和天皇に戦争責任がないと陳述)」掲載.		1月20日　ジョージ・H・W・ブッシュ, 大統領就任（～1993年1月20日).

年次	天皇関係	日中関連	国際関係
1989年	2月17日 『人民日報』,「竹下為昭和天皇開脱戦争責任 声称応由補佐天皇的国務大臣承担（竹下は昭和天皇の戦争責任をまぬがれさせ 天皇を補佐する国務大臣が責任を負うべきと公言)」掲載.		
	24日 大喪の礼.	2月24日 銭其琛外相, 楊尚昆国家主席特使として大喪の礼参列.	
	3月14日 『毎日新聞』,「天皇の訪中要請か 中国・李首相訪日時に」掲載. 26日 『朝日新聞』,「両陛下の訪中, 李首相来日で招請の可能性」掲載.	25日 ジョージ・H・W・ブッシュ大統領訪中（～26日). 4月11日 竹下, 衆院予算委員会で自らのリクルート社関連で受けた資金提供の概要公表, その上で「私自身の個人的関連を含め政治的, 道義的責任を痛感している」と発言.	
	4月13日 李鵬, 明仁天皇と会見.（天皇に訪中招請） 同日 日本政府, 天皇訪中実現に向けて早急に準備を始める方針決定.	12日 李鵬総理訪日（～16日). 天皇訪中に関する合意, 日中間で基本的に達成. 15日 胡耀邦急死. 25日 竹下, 1989年度の予算成立後の退陣表明. 5月7日 宇野外相, 北京での日中外相会談で竹下首相の後継者問題について「次は伊東さんしかいないと思う」と言明. 15日 ゴルバチョフ訪中（～18日, 中ソ関係正常化). 6月3日 宇野宗佑内閣成立（～8月10日). 4日 第二次天安門事件. 20日 日本政府, 第三次円借款, 日中友好環境保全センターなどの新規経済協力の凍結決定.	

年次	天皇関係	日中関連	国際関係
1989年	6月30日　『人民日報』,「老天皇遺産二十億 新天皇継承須納税（死去した天皇は20億の遺産　即位のため新天皇は納税必要）」掲載. 7月9日　『人民日報』,「日本処理昭和天皇遺産（日本は昭和天皇の遺産を処理）」掲載. 8月5日　『人民日報』,「日本天皇会見国内外記者 表示愿増進同各国的理解与友誼（日本天皇は国内外の記者と会見，各国との理解と友好関係を強化する意欲を表明）」掲載. 14日　『人民日報』,「長崎市長本島等重申天皇対戦争負有責任（長崎市長本島等は天皇に戦争責任があると重ねて言明）」掲載.	6月24日　江沢民，党総書記選出（～2002年11月15日）. 7月1日　スコウクロフト米大統領補佐官，極秘訪中. 8月7日　日本政府，大洪水の被害に見舞われている中国に対して，緊急援助の供与決定.（ただし，これについては，外務省幹部,「あくまでも人道上の立場からの措置であり，新規ODA供与再開問題とは全く切り離して考えている」表明） 10日　海部俊樹内閣成立（～1991年11月5日）. 9月17日　伊藤正義日中友好議員連盟会長訪中（～19日）.	11月9日　ベルリンの壁崩壊. 12月3日　ゴルバチョフとジョージ・H・W・ブッシュ，マルタ会談で冷戦の終結宣言.
1990年	1月9日　『人民日報』,「東京市民集会反対天皇制（東京市民は天皇制反対の集会を）」掲載. 5月24日　盧泰愚，明仁天皇と会見. 26日　『人民日報』,「日本天皇対侵朝歴史表示遺憾和痛惜（日本天皇は朝鮮侵略の歴史に遺憾と痛惜の意を表明）」掲載. 6月7日　『人民日報』,「朝鮮外交部発言人声明 保留要求日本対其侵朝歴史道歉的権利（北朝鮮外務省スポークスマンは日本に北朝鮮侵略の歴史に謝罪を求める権利を留保と声明）」掲載.	5月24日　盧泰愚韓国大統領訪日（～26日）.	

年次	天皇関係	日中関連	国際関係
1990年	11月11日　呉学謙副総理，明仁天皇陛下の即位式典(即位の礼)出席（～14日）．天皇訪中問題再提起．		7月9日　第16回主要国首脳会議（～11日，ヒューストン・サミット）．
1991年	3月30日　江沢民総書記，中日新聞社のインタビューで，天皇訪中を「歓迎する」と発言． 8月10日　李鵬総理，晩餐会で海部首相に天皇訪中招請． 12日　楊尚昆国家主席，海部との会見で天皇訪中に言及せず． 12月3日　田紀雲副総理，宮沢首相との会談で天皇訪中招請． 25日　徐敦信中国外務省の事務次官，天皇訪中の「お言葉」について，「中国は礼儀の国であり，客を困らせることはしない」と発言．	8月10日　海部首相訪中（～12日，海部，「世界の中の日中関係」強調）． 11月5日　宮沢喜一内閣成立（～1993年8月9日）． 10日　渡辺副総理・外相，訪日したベーカー米国務長官と会談． 13日　渡辺副総理・外相，ソウルで銭其琛外相と会談． 15日　ベーカー米国務長官訪中（～17日）． 12月2日　田紀雲副総理訪日（～11日）．	12月25日　ゴルバチョフ，テレビ演説で正式に辞任表明．ソ連崩壊，ロシア共和国成立．

年次	天皇関係	日中関連	国際関係
1992年	1月4日　午前　日中外相会談で渡辺，銭に対して，中国の天皇訪中招請に答え，政府としての真剣な検討を約束（事実上の決定）． 午後　渡辺，李鵬と江沢民とそれぞれ会見．「江沢民総書記訪日＋天皇訪中」との案浮上． 7日　ジョージ・H・W・ブッシュ訪日（～10日）．日本政府，天皇訪中について，ブッシュ大統領の了承得る．	1月3日　渡辺美智雄外相訪中（～6日）． 18日　鄧小平，南巡講話（～2月21日）．	
	2月21日　楊振亜駐日大使，記者会見で，両国の「不幸な一時期の歴史に対し，ひとつの態度表明が出れば」と天皇訪中の期待言明．	2月25日　全人代，尖閣諸島を中国領土と明記した「中華人民共和国領海法及び接続水域法」制定． 28日　中国共産党中央委員会で「中共中央（1992）第2号文件」を全国に下達指示．	
	3月18日　中曽根元首相ら，天皇訪中に慎重論主張． 30日　竹下元首相訪韓（～31日）日本政府，天皇訪中について，盧泰愚大統領の了承得る．	3月20日　第七期全人代第五回会議（～4月3日）． 21日　中国人の研究所助手ら，民間賠償と天皇謝罪を求めている日本の国会あての公開状発表．	

年次	天皇関係	日中関連	国際関係
1992年	4月1日　江沢民総書記，北京で日本人記者団との会見で，天皇訪中の実現について「中国が天皇訪中を招請するのが両国人民の世々代々にわたる友好発展のためである．天皇陛下の訪中が必ず中日関係の積極的な発展をさらに促進させると確信している．天皇訪中の手はずについて，双方が一歩進んで協議する」と，そして，天皇訪中の際の「お言葉」について，「両国民の願いに合致しており，訪中時にどのようなお言葉を述べられるかは日本側の問題」と発言．		
	6日　首脳会談で江沢民，宮沢喜一から「真剣に検討する（努力）」しか得られず，天皇訪中の確約獲得せず．	4月6日　江沢民総書記訪日（～10日）．（尖閣諸島問題，棚上げ確認）	
	7日　江沢民総書記，皇居訪問，天皇との会見で今秋訪中招請．		
	10日　銭其琛外相，江沢民訪日について談話で天皇訪中について言及せず．（中国側が静観に）	5月5日　竹下元首相訪中（～8日）．	
		6月15日　日本国連平和維持活動（PKO）協力法成立．	
	6月19日　中日友好協会長の孫平化と楊振亜大使，官邸で宮沢首相と極秘会談．		
	29日　橋本恕駐中国大使，一時帰国，中曽根，福田，竹下ら首相経験者，金丸副総裁，佐藤総務会長など自民党役員に天皇訪中の意義や中国側の真意などについて説明．	7月26日　第16回参議院議員選挙で 自民党（宮沢首相）勝利．	
		8月25日　天皇訪中閣議決定．	
		10月23日　天皇皇后両陛下，初の中国公式訪問（～28日）．	

《著者紹介》
蒋　奇武（しょう　きぶ）
1982年　中国安徽省合肥市生まれ
2020年　鹿児島大学大学院人文社会科学研究科博士後期課程修了
現　在　安徽大学外国語学院日本語学科講師

主要業績
『国際日本語能力試験 3 級/4 級――文法』（編著、東華大学出版社、2005年）
『大学院入試第二外国語（日本語）対策――文法』（共著、中国科学技術大学出版社、2009年）
『大学院入試第二外国語（日本語）対策――語彙・読解・翻訳』（共著、中国科学技術大学出版社、2009年）
『旅行日本語』（共著、安徽科学技術出版社、2011年）
『校園日本語』（共著、安徽科学技術出版社、2011年）
『帯着日語去旅行（日漢対照）』（編著、海豚出版社、2016年）
山本義隆『日本科技150年――从黒船来航到福島事故（近代日本一五〇年――科学技術総力戦体制の破綻）』（単訳、浙江人民出版社、2019年）
田中道昭『中美科技巨头――从BATH×GAFA看中美高科技竞争（GAFA×BATH――米中メガテックの競争戦略）』（共訳、浙江人民出版社、2019年）
「日中関係における天皇訪中問題――天皇訪中前夜に至る中国の動向を中心に」（『地域政策科学研究』（鹿児島大学）、16、2019年）

天皇訪中実現への道
――日中対外戦略の展開とその帰結――

2022年 8月30日　初版第 1 刷発行　　＊定価はカバーに表示してあります

著　者　蒋　奇　武©
発行者　萩　原　淳　平
印刷者　河　野　俊一郎

発行所　株式会社　晃　洋　書　房
〒615-0026　京都市右京区西院北矢掛町 7 番地
電　話　075(312)0788番(代)
振替口座　01040-6-32280

装丁　尾崎閑也　　印刷・製本　西濃印刷㈱

ISBN 978-4-7710-3646-8